JN005615

BUSINESS

場面別
職種別

English Phrases for Business Situations

ビジネス英語フレーズ3200

外国人同僚との雑談から商談での決めゼリフまで

海渡寛記
Iain Crawford | Connie Hayashi

はじめに

英語は本気でやれば誰でも話せるようになれます。

私は帰国子女ではなく、海外留学経験もありません。私が英語学習に本気で取り組んだのは大人になってからです。特に電機メーカーで働くようになってからは仕事上で英語を使う必要があり、働きながら英語に取り組みました。その結果、英語力は少しずつ上達していきました。その後私は電機メーカーを退職し、英会話スクールを立ち上げ、長きに渡りビジネスパーソンの英語力向上のためのサポートをしています。これまでに多くの方の英語力向上をお手伝いしてまいりました。

その経験から断言します。日本でも英語はしゃべれるようになります。私自身も駐在や留学の経験はありませんが、世界中の国々で英語でプレゼンができるようになりました。今では数十名のネイティブの部下と共に働いていますし、TOEICでも985点を取得しました。

ビジネス英語は完璧よりも「伝わる」を目指してください。仕事で使う英語は学校で習う学問としての英語ではありませんので、メモを見ながら話してもいいですし、多少間違えたとしても仕事がうまく進めばそれでよいと思います。試験とは違って、受け取ったメールをネットや辞書で調べながら読み進めても問題がありません。ですので、あまり気構えせずにビジネス英語に取り組んでいただければと思います。

本書は、ビジネスの現場で使える便利で実践的なフレーズを集めました。私のこれまでの経験から、どういったフレーズが現場で必要とされているかはある程度わかります。ですので読者の皆さんが思う「英語で言いたかったけれど言えなかったあのひと言」はできる限り掲載したつもりです。

共著のイアン（イギリス人）、コニー（アメリカ人）をはじめ、制作チームにはカナダ人、オーストラリア人も入っていますので、多くの英語圏で使える実践的でグローバルな表現集となっています。

スクールで学習する多くのビジネスパーソンを含め様々な業界・職種の方々にリサーチを行い、多岐に渡る実践的なフレーズを盛り込んでいます。管理職の方にもご協力をいただいていますので、上司目線の英語表現も豊富です。これらはローカルスタッフのマネジメントに役立つと思います。私自身も多くのネイティブと一緒に仕事をしており、大企業での経験やマネジメントの経験もありますので、それらを踏まえてフレーズを厳選しています。

「仕事で使いたいカッコいいフレーズ」のセクションでは、中級レベル以上の方でもなかなか言えないワンランク上の表現を集めています。「できるボス」の一言や、相手を魅了する「気遣い」あふれる表現。ポジションに関係なく「リーダーシップを発揮する」キラリと光るフレーズ。そのほかコミュニケーションを促進する「ビジネスユーモア」や「ツッコミ」そして「場を盛り上げる」表現など。いつも使っている簡単な表現をやめて、これらの表現を使うとコミュニケーションの質がグッと上がります。しかも響き（リズム）が良いナチュラルな表現を多く揃えましたので、一度身につけたら気持ち良く使えるのではないでしょうか。

「日本の仕事の流儀を説明する」のセクションでは、日本のビジネスから歴史・文化に至るまで広く説明できるようにしました。私の経験から言いますと、日本のことを説明する際に、無意識に自虐的な説明をしてしまう方が多いと感じています。実際、Japanese people are shy.というフレーズは何百回も聞いてきました。日本人はどういう人かと聞かれたとき、とりあえず思いつく簡単な文が上記のフレーズなのだと思います。もちろん、日本人の中にはシャイな人もいますが堂々と主張できる人もたくさんいます。グローバルな環境の中で過度にへりくだるのは良いことではありません。そこで、日本人の良いところをしっかりと説明できるようにポジティブなフレーズを多く揃えました。このセクションの表現を覚えるだけでも日本について上手に説明できるようになると思いますので、ぜひ覚えてみてください。グローバルビジネスパーソンになるためには、自国の文化に誇りを持って、かつ相手の文化に敬意を払うことから始まると思います。世界で日本人が、そしてあなたがリスペクトをもって接してもらえるように、まずは自身が認識を深めて言葉に出せるようにしていきましょう。

「職種・業種別フレーズ」は、様々な業界・職種で実際に使っているフレーズを多くの方にリサーチし、その業界・職種の方がよく使う便利な表現をまとめました。このセクションに出てくるフレーズや単語は専門性が高いものがありますし、その業界ならではの独特の言い回しも多いです。したがって、その業界内でのみ通じるものや別の文脈で使うと意味がわかりにくくなるフレーズもありますのでご注意ください。

仕事で英語がうまく話せなくて悔しい思いをした方は多いと思います。このフレーズ集はそんな皆さんのための武器となります。ネイティブの部下と仕事をした経験から、相手になるほどと思われるような英語表現は特に充実させましたので、海外支社でローカルスタッフと一緒に働く方や、将来的に海外駐在を予定している方にとってはかなり役に立つと思います。また全体的に「できるビジネスパーソン」を想定したフレーズにしてありますので、そのフレーズを言うだけでネイティブに一目置かれるようなものを極力盛り込んでいます。ぜひ、本書を利用して仕事でご活躍いただければと思います。

フレーズ集の良いところは、便利な言い回しを大量に、コンプリートセンテンスで覚えられる点です。ご自身が使いそうなフレーズはぜひ何度も音読やシャドウイングをして、自分のものにしていってください。

海渡　寛記

CONTENTS

ビジネスシーン一般 General Business Situations

職種・業種別フレーズ Phrases for Specific Jobs and Fields

仕事で使いたいカッコいいフレーズ Smart Phrases That You Want to Use at Work

本書の特徴と使い方

●フレーズは、日本語→英語の順番になっています（音声もこの順です）。

●本書のフレーズやタイトルは日本語・英語それぞれ自然な言い回しを心がけて作成しましたので、意訳となっている箇所が多くあります。たとえば「お疲れさまです」に相当する英語はないため、英語はHello.を載せています。

●英語フレーズの中で出てくる日本語の英訳は、イタリック体にしてあります。ただし英語ネイティブ向けの辞書にも載っている単語は、原則としてイタリックにせずそのままになっています（soba, Zen, samurai, karaokeなど）。

●本書は、ただ黙読して覚えていくのではなく、音読・シャドウイングをすることで効果が上がります。目次の中からご自身に関連する章をいくつかピックアップして、そこから重点的に学習していきましょう。
本書のフレーズは読めば理解はできても、自分では使っていないものが多くあるのではないでしょうか。覚えたフレーズを実際の会話で使えたときは、学習の効果やレベルアップを感じることができます。いつもの表現とは明らかに違う切れ味のあるフレーズや、ナチュラルなフレーズをさらっと口に出せると、自信にもつながります。ぜひ、実際に使えるようにしてください。

音声データの無料ダウンロード

本書『場面別・職種別　ビジネス英語フレーズ3200』に対応した音声ファイル（mp3ファイル）を下記URLから無料でダウンロードすることができます。ZIP形式の圧縮ファイルです。

https://www.cm-language.co.jp/books/businessphrases/

本文で紹介している各フレーズ（日本語→英語の順）が収録されています。ナチュラルなスピードでの、アメリカ英語のナレーションです。

ダウンロードした音声ファイル（mp3）は、iTunes等のmp3再生ソフトやハードウエアに取り込んでご利用ください。ファイルのご利用方法や、取込方法や再生方法については、出版社、著者、販売会社、書店ではお答えできかねますので、各種ソフトウエアや製品に付属するマニュアル等をご確認ください。

音声ファイル（mp3）は、『場面別・職種別　ビジネス英語フレーズ3200』の理解を深めるために用意したものです。それ以外の目的でのご利用は一切できませんのでご了承ください。

フォーマリティ（丁寧さ）について

本書では様々なフレーズを紹介していますが、文脈や相手との関係性に応じて適切なフォーマリティ（丁寧さ）を選び、その都度言い回しを変えるようにしてください。どれだけフォーマルな表現を使用するべきかは、社内の文化や常識もあると思います。現在の職場の周りの方のやり取りをよく見て参考にするとよいでしょう。

スピーキングにおける英語の丁寧さの一般的なルールを紹介しますと、

●短縮形や省略形を用いないほうが丁寧
●文章として長いほうが丁寧な傾向がある
●助動詞は過去形のほうが丁寧
●お願いをするときにはPleaseをつける

などがありますが、上記のルールを守ればよいというだけではありません。一番大事なのは「言い方」や「表情」「イントネーション」ですので、形式的なルールよりも相手に寄り添う丁寧な気持ちを持つようにしましょう。

また、親しい関係においては、丁寧すぎる表現を使うと逆に距離を感じます。その場合はカジュアル表現を使ったほうがむしろ好ましい場合もありますので、臨機応変に対応するようにしてください。

フォーマルな表現の代表的なものをいくつか紹介します。人に何かを依頼するとき、許可を取るとき、一言クッションを挟みたいときの3パターンに分けています。以下の例文の太字のところがポイントです。

★人に何かを依頼するとき

Would you please ask him to call me back?
（折り返しご連絡いただけるようお伝えいただけますでしょうか）
Could you please speak a little more loudly?
（もう少し声のボリュームを上げていただけますか？）

この2つの表現（Would you please...?　Could you please...?）は簡単で、かつ丁寧な表現ですので、まずはこの2つのどちらかを言えるようにしておけば間違いありません。ぜひ使いこなせるようにしてください。

Would you mind show**ing** me how to use this?
（操作方法がわからないので、ちょっとやって見せてもらえますか？）
I would appreciate your swift handling of the matter.
（お早めにご対応いただきたいのですが）
I'd appreciate it if you **could** hurry.
（急いでもらえますか？）
It would be appreciated if you **could** send that report by the end of the week.
（報告書を今週中にいただけると助かります）

Would you mind ...ing? やappreciateを使った表現もビジネスではよく使われる表現です。少し複雑に見えるかもしれませんが、いつもCould you...? Would you...? というような表現ばかり使ってしまう方は、このあたりの言い回しを織り交ぜて話ができるとよいと思います。ぜひ本書を参考に引き出しを増やしてみてください。

★許可を取るとき

May I just confirm one thing?
（1点確認させていただきたいのですが）
Could I get another fork?
（フォークをもう1ついただけますか？）

この2つは覚えやすいシンプルな形ながら、Can I...?より丁寧なので、ぜひ覚えて使えるようにしておきましょう。

Is it OK if I proceed like this?
（このような進め方でよろしいでしょうか）
Is it alright if I ask a question?
（質問してもよろしいでしょうか）
Would it be alright for me to refuse?
（断ってもいいですか？）

Is it OK if...?の表現は実はビジネスシチュエーションだけでなく、日常会話でもよく使われる表現です。とてもこなれた印象になりますので、May I...?ばかり使っている方はぜひ挑戦してみてください。中級以上の方はWould it be alright for me to...?も押さえておきましょう。meをyouに替えれば丁寧な依頼の文にもなります。

★一言クッションを挟みたいとき

I'm afraid（that）...
（恐れ入りますが、申し訳ありませんが、残念ながら）
If I may, ...
（もしよろしければ、）
If you approve, ...
（もしよろしければ、）
I don't mean to contradict you, but...
（お言葉を返すようですが、）
With all due respect, ...
（お言葉ですが、）

文頭にこういったフレーズを用いてから話せば、いきなり主張を伝えるよりも丁寧な印象になります。初級の方はまずI'm afraidを使えるようにするとよいと思います。中級以上の方はさらにその他のバリエーションを増やしてみてください。

ビジネスシーン一般

General Business Situations

様々なシチュエーションで使えるビジネス英語の必須フレーズです。日本語特有の表現は英語で言うとどんな表現になるかという視点でも活用いただけます。まずはビジネスシーンで頻出するフレーズを確認していきましょう。

1 挨拶
2 電話を受ける
3 電話をかける
4 会議に出席する
5 会議を仕切る
6 意見を述べる
7 ブレストする
8 プレゼンする
9 質疑応答
10 スケジュール
11 PC・ネット関連
12 問い合わせする
13 提案する
14 交渉する
15 契約を交わす
16 海外出張する
17 研修する
18 研修を受ける
19 上司に報告する
20 相談する
21 部下に指示する
22 謝る
23 お礼を言う
24 褒める
25 感想を言う
26 ブチ切れる
27 ごまかす
28 面談する
29 キャリアについて話す
30 トラブルが起きたとき
31 経費・備品関連

1

挨拶

Track 01

GREETINGS

挨拶はコミュニケーションの最初の一歩。日本語ではよく使う表現も、英語には相当する表現がないことがあるので要注意です。あらかじめバリエーションを覚えておき、適切な挨拶を心がけましょう。

お忙しいところ恐れ入ります。

Sorry to disturb you while you're busy.

✻ disturb　～の邪魔をする

その後お変わりなくお過ごしでしょうか。

Have things been OK since we last talked?

ご無沙汰しております。

It's been a while since I last saw you.

✻ It's は It has の略。

お疲れさまです。

Hello. / Good work today. / Have a good rest.

✻相当する表現が英語にないので、状況に応じて様々な言い方をする。

株式会社テックフライトの伊藤です。

I'm Shinya Ito from Tec Flight Corporation.

✻ビジネスの場において英語で名乗る際はフルネームが通例。

遅くまでお疲れさまです！

I see you're burning the midnight oil!

✻ burn the midnight oil 夜遅くまで働く

お先に失礼します。

Please excuse me for leaving early.

最近どうよ。

What's going on these days?

お世話になっております。

It's good to see you again. / It's good to talk with you again.

✻相当する表現が英語にないので別の言い方をする。

ご苦労さまでした。

Thank you for your hard work.

どうも。

Oh, hello!

その節はありがとうございました。

Thank you for your help the other time.

今後ともどうぞよろしくお願いいたします。

I look forward to working with you again.

お久しぶりです。

Long time no see!

では、また後ほど。

See you later.

髪切ったんですね！

Oh, did you get a haircut?

昨日はすみませんでした。

I'm sorry about yesterday.

先日はお世話になりました。

Thank you for the other day.

短い間でしたが、お世話になりました。

It was only for a short time, but thank you all the same.

ここで学んだことは私の宝です。

I'll treasure what I learned here.

✻treasure　～を大切にする、～を心にしまっておく元気でね。
Take care.

今後のご活躍をお祈りしております。
I wish you all the best in the future.

気をつけて。
Stay safe.

そのうち飲みに行きましょう。
Let's go drinking one of these days.

週末、楽しんできてください。
Enjoy your weekend.

マレーシアの生産管理を担当しております、伊藤です。
I'm Mie Ito. I'm responsible for production management in Malaysia.

お忙しいところ大変申し訳ございません。
I apologize, I understand you're busy.

新しい部署でも頑張ってください！
Good luck in the new department!

これからも頑張ってね！
Keep doing your best!

良いお年を。
Have a happy new year.

昨年は大変お世話になりました。
Thank you for all of your help last year.

今年もよろしくお願いいたします。
I look forward to working with you again this year.

いつもありがとうございます。
As always, thank you.

またお会いできるのを楽しみにしております。
I'm looking forward to seeing you again.

不束者ですが、誠心誠意頑張りますのでどうぞよろしくお願いします。
Although I don't have much experience, I'll wholeheartedly do my best.
✽ wholeheartedly 心を込めて

COFFEE BREAK

名前の名乗り方

日本では、電話で名乗る際には苗字を名乗ることが多いですが、英語では一般的にフルネームを言うか、ファーストネームだけを言うかのどちらかです。英語で話す際にはこの点が大きく異なります。（そのため、本書の例文でも、日本語では苗字のみ、英語ではフルネームの表記となっているものがあります）

今まで話したことのない相手に初めて電話をかける際には会社名とフルネームを伝え、すでに知っている相手や定期的に連絡を取り合っている取引先などにかける場合には、ファーストネームだけを名乗ることが多いです。ただし、自分の名前がよくある名前の場合には会社名やフルネームなどを伝えて相手に伝わりやすいようにします。たとえば「マイクです」と名乗っても相手にとってはどこの会社のマイクなのかわかりませんので、「ワンナップ株式会社のマイクです」などと名乗るほうがよいということです。また、カスタマーサービスなどの担当者は、相手が初めて話す相手だったとしても、親近感を抱いてもらうためにあえてファーストネームだけを名乗る場合が多いです。

日本人として気をつけなければならないのは、「田中です」などとうっかり苗字だけを名乗ってしまうと、それがファーストネームであるかのように聞こえる可能性があるということです。英語では、フルネームかファーストネームと覚えておきましょう。

2

電話を受ける

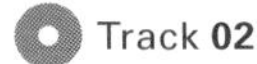

ANSWERING PHONE CALLS

突然の海外からの電話では瞬発力が大事です。対面で話すよりもリスニングが難しいので、聞き取れないときは落ち着いて聞き返しましょう。焦らずにゆっくり話すのがコツです。

お電話ありがとうございます。 ワンナップ株式会社でございます。
Thank you for calling. This is OneUP Corporation.

恐れ入りますが、 お名前を頂戴してもよろしいでしょうか。
May I have your name, please?

お電話代わりました、佐藤と申します。
Hello, this is Taro Sato speaking.
✻ビジネスの場において英語で名乗る際はフルネームが通例。

はい、鈴木でございます。
This is Haruka Suzuki.

（保留の後） お待たせいたしました。
Thank you for holding.

あいにく髙橋は席を外しております。
I'm afraid that Mr. Takahashi is away from his desk at the moment.

では、そのように申し伝えます。
Alright, I'll pass that along.
✻ pass ... along　～を伝える

お電話が遠いようなのですが…。
I can't quite make out what you're saying.
✻ make out...　～がわかる、～を聞き分ける

お電話が遠いようですので、切らせていただきます。
I'm afraid I cannot hear you, so I'm going to hang up.

ご連絡いただきましてありがとうございました。
Thank you for contacting us.

はい、担当は私でございます。
Yes, I'm the one in charge.

佐野から折り返しご連絡差し上げましょうか。
Would you like Ms. Sano to call you back?

ご都合の良い時間帯や悪い時間帯はございますか?
Is there a good or bad time to call?

ただいまおつなぎいたしますので、このまま少々お待ちくださいませ。
Please hold while I put you through.

田中は出張中です。
Mr. Tanaka is away on business.

橋本は別の部署に異動しました。
Ms. Hashimoto has been transferred to another department.

高橋は休みです。
Mr. Takahashi is off today.

ご用件をお伺いしてもよろしいでしょうか。
Could you please tell me your reason for calling?

何か伝言はございますか?
Would you like to leave a message?

念のためお電話番号を教えていただけますでしょうか。
May I take your phone number please, just in case?

お名前を伺ってもよろしいでしょうか。
May I please have your name?

もう一度会社名を伺ってもよろしいでしょうか。

I'm sorry, would you please repeat the company name?

お電話番号を復唱いたします。

Please let me read back that number to you.

すぐ戻ると思います。

I believe he will be back shortly.

10分後に戻ると思います。

I believe she will be back in 10 minutes.

佐藤は本日はもう退社しました。

I'm afraid that Mr. Sato has gone home for the day.

鈴木は複数名いるのですが、下の名前は何でしょうか。

There are several people with the surname Suzuki. Do you have their first name?

確認いたしますので少々お待ちください。

Please hold while I confirm that for you.

電話番号が違います。

I'm afraid that you have the wrong number.

承知いたしました。

Alright, I understand.

その件でしたら私も存じておりますので、このまま藤本の代わりに対応させていただきます。

I'm also familiar with that matter, so I'm happy to speak with you in place of Ms. Fujimoto.

＊ in place of... 〜の代わりに

鈴木は外出しております。直接携帯におかけください。

Ms. Suzuki is currently away from the office, so please reach her at her mobile number.

何度かご連絡をいただいていたようで申し訳ございません。休暇を取っておりました。

I'm sorry for missing all of your calls. I've been away from the office.

何度も入れ違いになってしまいすみません。

Sorry I kept missing you.

本来でしたらこちらからご連絡差し上げるべきでしたのに、すみません。

I'm sorry, contact should have been made from our end.

10分後に折り返してください。

Would you mind calling back in 10 minutes?

申し訳ありませんが、いま会議中ですので後ほどかけ直します。

I'm sorry but I'm currently in a meeting, so I'll call you back later.

確認してからまた折り返します。

After confirming the information, I'll call you back.

3

電話をかける

Track 03

MAKING PHONE CALLS

電話をかけるときは話す内容を考えて、英語でのやり取りを軽くシミュレーションしておくとスムーズです。自分の名前（日本語）はネイティブにとって聞き取りにくいので、ゆっくりと発音するようにしましょう。

お世話になっております。私ワンナップ株式会社の鈴木と申しますが、ブラウンさんはいらっしゃいますか？

Hello, my name is Haruka Suzuki of OneUP Corporation. May I please talk to Ms. Brown?

いつも大変お世話になっております。

Thank you always.

＊日本語の「いつもお世話になっております」にあたる部分は、英語では言わないことが多い。普通に Hello. だけでもよい。

菊池様はお手すきでいらっしゃいますでしょうか。

Is Ms. Kikuchi available?

先ほどのお問い合わせの件で、折り返しご連絡差し上げました。

I'm contacting you regarding your recent inquiry.

株式会社マックスの田中と申します。

My name is Takashi Tanaka from Max Company.

営業部の佐藤さんはいらっしゃいますでしょうか。

Is Mr. Sato in the Sales Department there?

本日は新サービスのご案内でお電話いたしました。

The reason I'm calling is that I'd like to tell you about our new services.

人事のご担当の方はいらっしゃいますか。

Is anyone from the HR Department there?

何時頃お戻りになりますでしょうか。
What time will he be back?

それではまたこちらから改めてご連絡いたします。
I'll try to reach him later.

メールをお送りしますので、ご確認いただけるようお伝えいただけますでしょうか。
Would you please ask him to check the email that I'll be sending?

折り返しご連絡いただけるようお伝えいただけますでしょうか。
Would you please ask him to call me back?

12時まででしたらいつでも構いません。
Anytime before 12 is fine.

折り返しお電話いただけますと幸いです。
I'd appreciate it if she could call me back.

昨日までにお返事いただけるというお話になっていたのでご連絡いたしました。
I'm calling because I was informed that I would hear back from you by yesterday.

今、少しだけお時間よろしいでしょうか?
Would you have a few moments to spare?

それでは失礼いたします。
Thank you very much. Goodbye.

明日は会社にいらっしゃいますでしょうか。
Will you be in the office tomorrow?

先日の件でご連絡差し上げたのですが。
I'm contacting you regarding the matter from the other day.

ジョーンズさんのお電話番号を教えていただけないでしょうか。
May I please have Ms. Jones' phone number?

先日お伝えした件についてご存じの方はいらっしゃいますでしょうか。
Is there anyone who I can discuss the matter from the other day with?

遅い時間に恐れ入ります。
I'm sorry to call so late.

もしもし。
Hello.

先ほどメールをお送りしたのですが、届いておりますでしょうか。
Did you receive the email I sent earlier?

明日お会いする約束だったのですが、都合が悪くなってしまいましたので、お伝えいただけないでしょうか。
Could you please let her know that I won't be able to meet tomorrow as planned? I'm afraid that something has come up.

スミスさんにお伝えいただけないでしょうか。
Could you please let Mr. Smith know?

至急の用件のため、折り返しお電話いただけるようお伝えいただけないでしょうか。
Would you mind telling him to call me back as the matter is urgent?

詳細はこの後お送りするメールをご確認ください。
Please check the details in the email I'll send you later.

2時にそちらに伺うとお伝えしておりましたが、電車の遅延の関係で15分ほど遅刻しそうです。
We agreed to meet at your office at 2, but I'm afraid I'll be 15 minutes late due to a train delay.

お電話が遠いようで聞き取れなかったのでもう一度お願いいたします。
I'm afraid I couldn't catch that due to bad reception. Could you say that again?
＊reception 受信状態

お時間いただきありがとうございました。
Thank you for your time.

すみません。電話番号を間違えました。
I'm sorry. I called the wrong number.

先ほどブラウンさんからお電話いただいたので折り返させていただいたのですが。
I received a call from Ms. Brown earlier, so I'm returning her call.

先ほどはお電話に出ることができず失礼いたしました。
I'm sorry I missed your call earlier.

4

会議に出席する

Track 04

ATTENDING MEETINGS

英語力に自信がない方は、事前に発言内容を英語で書いておくなどして挑むのが定石です。余力があれば気の利いたフレーズで存在感を！

本日の議題を教えていただけますか。

Could you tell me what is on today's agenda?

本日の会議で利用する会議室をご存じでしたら教えていただけないでしょうか。

Could you please tell me if you know which meeting room will be used for today's meeting?

山本さんは少し遅れてくるとおっしゃっていました。

Mr. Yamamoto said that he will be a bit late.

＊会議の前に言う場合は will、会議が始まった後に言う場合は would を使う。

私、議事録取りますね。

I'll take the minutes.

私がタイムキーパーをします。

I'll keep track of the time.

＊ keep track of... 〜の記録をつける

私の上司が自宅から参加しますので、テレカンを準備させていただきます。

My supervisor is working from home today, so I'll set everything up for our teleconference.

＊ set ... up 〜を準備する

議事録は後ほどメールで送らせていただきます。

I'll send the minutes via email later.

1つ取って回してください。

Please take one and pass it down.

資料が足りないようですので、もう1部いただけないでしょうか。

We don't have enough packets of the documents. Can we get one more?

✻ packet 書類一式

詳細は配布した資料をご覧ください。

For details, please take a look at the documents that were distributed.

✻ distribute　～を配布する

資料を忘れてきてしまったので、見せていただけないでしょうか。

I forgot to bring a copy of the documents. May I see yours?

私の手元の資料には15ページ目が抜けているのですが、別の資料をいただけないでしょうか。

The packet of the documents I have is missing page 15. May I have another packet?

エイブラムズさんから大きな発表があるらしいですよ。

I heard Ms. Abrams will be making a big announcement today.

スライドがよく見えるように電気を消してもよろしいですか。

Can we turn off the lights so that we can see the slides more clearly?

この議題については保留にして、次の議題に移りましょう。

Let's put this topic on hold and move on to the next item on the agenda.

✻ put ... on hold　～を保留にする

質問してもよろしいでしょうか。

Is it alright if I ask a question?

7ページのCの表からわかることについてもう少し詳しく教えていただけないでしょうか。

Could you please tell me a little more about what we can surmise from Chart C on page 7?

＊surmise　～を推測する／chart 図、表

1点確認させていただきたいのですが、

May I just confirm one thing?

それについては私から回答させていただきます。

I can answer those questions for you.

メリットとデメリットが不明確に思えるのですが、いかがでしょうか。

The pros and cons seem unclear, but what do you think?

＊pros and cons 良い点と悪い点

次回の会議までに確認させていただきます。

I'll get confirmation by the next meeting.

私の考えとしては、良い案だと思います。

From my perspective, I think it's a good idea.

私も賛成です。

I'm also for that.

私は反対です。数年前に試してうまくいかなかったので。

I'm opposed to it, because we tried it a few years ago and it didn't work.

決定事項について、いつまでに誰が行うかを決めませんか？

Regarding the decision, why don't we choose by whom and when it will be carried out?

上司の意見を聞かないと判断がつかないので、今週中に確認してご連絡させていただきます。

I won't be able to make a decision without asking for my boss's opinion, so I'll check with him and contact you by the end of this week.

申し訳ありませんが、来客があるため、会議を抜けさせていただきます。

I'm sorry, but we have some visitors so I'll be excusing myself from the meeting at this time.

＊ excuse oneself from...　～から中座する

まだ結論は出ておりませんが、時間になりましたので会議を終えたいと思います。

We haven't reached a conclusion yet, but it's time to finish the meeting.

次回の会議はいつでしょうか。

When is the next meeting?

次回の会議も本日と同じ会議室でよろしいでしょうか。

Shall we use the same room we used today for the next meeting?

5

会議を仕切る

Track 05

FACILITATING MEETINGS

会議を仕切るにはそれなりのリスニング力も必要です。万が一聞き取れない場合は、自分の言葉で言い換えてその都度理解を確認しながら進めるとよいでしょう。会議の区切りとなるキーフレーズだけはしっかり覚えておきましょう。

時間になりましたので、本日の会議を始めます。
It's time for the meeting now, so let's get started.

これより、第1回営業部会議を始めたいと思います。
I'd like to start the first official Sales Department meeting.

本日はお集まりいただきありがとうございました。
Thank you for your attendance today.

本日はご多忙の中お集まりいただきありがとうございます。
Thank you for taking time out of your busy schedules to come here today.

本日議長を務めます、木村と申します。
I'm Aya Kimura and I'll be chairing the meeting today.
＊chair　～の議長を務める

本日のアジェンダはこのようになっております。
Today's agenda is as follows.

質問の際は挙手をお願いします。
Please raise your hand if you have a question.

どなたか議事録を取っていただけないでしょうか。
Would someone please take the minutes today?

事前にお送りした資料はお手元にございますでしょうか。
Does everyone have a copy of the documents I sent?

資料の5ページの表4をご覧ください。
Please refer to Chart 4 on page 5 of the packet.

貴重なご意見ありがとうございます。
Thank you for your valuable input.
✻input （情報・意見などの）提供

それでは次の議題に移ります。
Let's move on to the next topic.

一旦休憩をはさみます。
We will take a short break.

賛成の人は挙手をお願いします。
Those for, please raise your hand.

反対の人は挙手をお願いします。
Those against, please raise your hand.

意見がある方は挙手をお願いします。
Please raise your hand if you want to share your opinion.

この件につきましては、山本さん、説明をお願いします。
Ms. Yamamoto, could you take the lead on this one?
✻take the lead 主導権を握る

近藤さんはどう思いますか？
Mr. Kondo, what do you think?

できない話ではなく、どうすればできるのかの話をしましょう。
Instead of talking about what we can't do, we should discuss what we can do to make it possible.

素晴らしいご質問ありがとうございます。
That's a great question, thank you.

おっしゃる通りです。
That's exactly right.

ご指摘いただきありがとうございます。しかし、

Thank you for pointing that out. However, ...

どなたかご意見ございますでしょうか。

Does anyone have any opinions on that?

どなたか異なる意見の方はいらっしゃいますでしょうか。

Does anyone have any different opinions?

つまり、山田さんは反対ということでよろしいでしょうか。

So Ms. Yamada, you're against it. Is that correct?

皆さん、異議はございませんでしょうか。

Does anyone have any objections?

少し話がそれていると思いますので、議題に沿うように戻しましょう。

I think we have gone off topic, so let's return to our original discussion.

✻ go off topic 論点がずれる

本題に戻りましょう。

Let's get back to the matter at hand.

✻ matter at hand 検討中の問題

各自、次回の会議までに意見をまとめてきてください。

Please be ready to share your ideas by the next meeting.

この議題については時間内に終わらせることが難しいので、次回の会議でまた話し合いましょう。

I think it will be difficult to finish discussing this topic within our allotted time, so we will go back to it in the next meeting.

✻ allotted 割り当てられた

3時からこの会議室は別の会議の予約が入っていますので、あと10分で結論を出しましょう。

This conference room has been booked by a different group for 3 o'clock, so let's come to a consensus within the next 10 minutes.

✻ consensus 一致した意見

5時までに会議を終わらせたいと思います。

I'd like to finish the meeting by 5 o'clock.

最後に何かご意見、疑問点などはございますでしょうか。

In closing, does anyone have any questions or concerns?

✻ in closing 締めくくりに

次回の会議の日程は追ってご連絡させていただきます。

I'll contact you later regarding the next meeting date.

次回の会議の日程は11月11日の3時にしたいと思いますが、よろしいでしょうか。

We're planning to hold the next meeting at 3 o'clock on November 11. How does that sound?

✻日付は序数で表すので、11 は eleventh と読む。

時間となりましたので、本日の会議は終了させていただきます。

We're out of time for today, so let's finish the meeting here.

それでは、これで会議を終了します。

Alright then, that is the end of our meeting.

以上で閉会とさせていただきます。

That is all for this meeting today.

6

意見を述べる

Track 06

EXPRESSING OPINIONS

ビジネスにおいては自分の意見は明確に。上手な人は、はっきり言うだけではなく相手の気持ちも考慮した言い方ができます。ちょっとした言い回しで相手の受け取り方が変わりますので、ここでは様々な言い方を盛り込みました。

ちょっと思ったんですが。
I just had a thought.

すみません、私からよろしいでしょうか。
Sorry, may I say something?

検討すべき点は以下3つです。1つは、
There are three points to consider. First, ...

個人的には今のものより前のもののほうがよいと思います。
I personally prefer the old one to the current one.

それも良いアイデアの1つかもしれませんね。
That may also be a good idea.

つけ加えるとすれば、
If we were to add something, it would be...

設備のメンテナンスが先決ではないでしょうか。
I'd suggest prioritizing equipment maintenance.

一理ありますね。
You have a good point.

私も同じことを考えていました。
I was thinking the same thing.

今回は当社が譲って先方の顔を立てましょう。

This time, we should step aside in order to let them save face.

＊step aside 身を引く／save face 顔を立てる

これはただの思いつきのアイデアではありますが。

This is just an idea that popped into my head right now.

＊pop into one's head パッと頭に浮かぶ

念には念を入れましょう。

We can't be too careful.

逆にアリかもしれません。

Actually, it might be a good idea.

他社の成功事例に倣うほうが無難かと思います。

I think it may be safer to just follow what other successful companies are doing.

可能かどうかは別として、理想を言ってみてもよろしいですか。

Disregarding whether it's possible or not, may I tell you my ideal plans?

私としては、リーさんの意見を聞いてからにしたほうがよいと思います。

As far as I'm concerned, it's better to wait until we hear from Mr. Lee.

別の可能性としては、

Another possibility is...

おっしゃりたいことはわかりますが、反対せざるを得ません。

I get where you're coming from, but I have to disagree.

良いと思いますが、…については検討されましたか？

That sounds good, but have you considered...?

あまりその戦略で進めたいとは思いませんね。
I'd rather not go forward with that strategy.

既存の枠にとらわれずに考案すべきです。
I think we need to come up with something outside of the box.
✻ outside of the box 既存の枠にとらわれない

どうですかね、それで効果があるかどうか…。
I don't know, I'm not sure that will be effective.

まあ、本当に正直に言わせていただきますと、
Well, if I'm being completely honest, I think...

いや、それは正確だとは言い切れません。
Um, I don't believe that's quite accurate.

大した意見ではないのですが、
It's not worth much, but to give my two cents, ...
✻ two cents （求められていない）自分の考え

ちょっとよろしいでしょうか。
If I could just jump in for a second, ...
✻ jump in 割り込む

…ということを指摘させてください。
I'd like to point out that...

私が主張したいのは、
The point I'm trying to make is...

個人的には彼の案のほうがよいと思います。
Personally, I think his idea is better.

7

ブレストする

Track 07

BRAINSTORMING

普通の会議と比べてブレストはいろんな方向に話が飛ぶ可能性がありますので、難易度が上がります。慣れない英語でアイデアを出すのは難しいですが、そんなときはファシリテーションに徹するのが裏ワザ。

現状を整理しましょう。

Let's sort out the facts we have so far.

✻ sort out...　～を整理する

ブレストしましょう。

Let's brainstorm.

まずは自由に意見を出してください。

To start, please express your opinions freely.

付箋にアイデアを書いてボードに貼っていってください。

Please write your ideas on sticky notes and post them on the board.

✻ sticky note 付箋

まずは否定をせずに、意見を出し合ってください。

First, just bounce some ideas around and don't shoot anything down yet.

✻ bounce ... around　～を議論する／shoot ... down　～を否定する

否定ではなく、代案を出すようにしてください。

Rather than shut down an idea, try to give alternatives for it.

建設的な意見をするようにしてください。

Try to provide constructive input.

グループに分かれてディスカッションしてください。

Please split up into groups and discuss.

根拠は何ですか？

What is the basis for that?

時間が限られていますので、できるだけ早く議論をまとめましょう。

We’re limited for time, so let’s try to come to a conclusion as quickly as possible.

まずは問題点を整理したいと思います。

I’d like to start off by sorting out the issues.

＊start off by doing... 〜することから始める

最初に目的を確認したいと思います。

Firstly, let’s confirm that we understand the objective.

それをするためにはどうすればよいでしょうか。

What should we do to achieve that?

これについて、それぞれの部署でできることは何でしょうか。

What can each department do about this?

現実的に可能ですか？

Is that realistically possible?

まずは抽象的な話でもいいですよ。

A conceptual idea is fine to start off with.

そろそろ具体的な話をしましょう。

Let’s start talking specifics.

それを考えるのがこの会議です。

Thinking of that is the reason for this meeting.

ここまでに出た案を一旦整理しましょう。

Let’s organize all the suggestions we have so far.

カテゴリーごとに課題をまとめましょうか。

Why don’t we categorize the issues?

これとこれは一緒のことだよね。

This is the same as this, right?

それはスケジュール的に可能かな？

Does the schedule allow for this?

どの部署が担当するべきかな？

Which department should be responsible for this?

否定するだけでは何も生み出せませんよ。

We can't create anything new by renouncing everything.

✻ renounce　〜を拒否する

難しいけれど、不可能ではないと思います。

It's difficult but not impossible.

それは絵に描いた餅だよね。

That's a pipe dream.

✻ pipe dream 空想的な考え

やるしかないでしょう。

We just have to do it.

もう意見は出切ったようですね。

I think we have run out of ideas.

そろそろ結論を出したいと思います。

Let's try to come to a conclusion.

それぞれの意見の良いところを取っていこう。

Let's take the good parts of each idea.

8

プレゼンする

Track 08

GIVING PRESENTATIONS

プレゼンテーションは事前準備が9割。難しい言葉を使うよりも、気持ちが乗せられるシンプルな単語を選ぶと伝わります。難しい単語はスライドや資料に載せて乗り切りましょう。専門用語よりも情熱ファーストで。

本日は新製品についてお話ししたいと思います。

Today I'd like to talk about our newest product.

本社海外営業部の柏原と申します。

I'm Manabu Kashiwabara, manager of the head office's Overseas Sales Division.

では、時間になりましたので開始いたします。

It's time to get started.

後ろの席の皆さん、聞こえますでしょうか。

Can you hear me in the back?

皆さん、お静かにお願いいたします。

Can we have some quiet now, please?

＊have some quiet 静かにする

少し緊張していますが、どうぞお手柔らかに。

I'm a bit nervous, so please don't be too hard on me.

そちらの方、何かご質問やご意見などはございますでしょうか?

I'm sorry—do you have a question or a comment?

＊プレゼン中に雑談している人に向かって注意する婉曲表現。

何か質問があるときは挙手してください。

If you have a question at any point, please raise your hand.

ご質問は最後までお待ちください。

Please hold all questions until the end.

図Aをご覧いただけますでしょうか。

If you could, please turn your attention to Figure A.

＊figure 図

ご覧の通り、売上は2010年以降順調に伸びてきています。

As you can see, sales have been increasing steadily since 2010.

挙手をお願いいたします。この経験をしたことがある方？

I'd like a show of hands—how many people have experienced this before?

＊show of hands 挙手

…であることに注意しなくてはいけません。

It's important to note that...

単刀直入に言います。

Let me get straight to the point.

…であるということにご留意ください。

Please keep in mind that...

先ほどのところに少し戻らせてください。

Let me go back for a moment to something we went over earlier.

ということで要点をまとめると、

So, to recap, ...

＊recap（recapitulate） 要約する

よろしいでしょうか。では進めます。

Alright, let's move on.

この点についてさらに詳しくお話ししたいと思います。

I'd like to elaborate on this point.

＊elaborate on... ～について詳しく述べる

配布資料の5ページをご覧いただきたいのですが、

If you could turn to page 5 of the handout, ...

ここで一旦、全然違うものをご覧いただきましょう。

Let's look at something completely different for a moment.

その件に関して私の意見は以上です。

That's all I have to say about that.

先ほど申し上げました通り、

As I mentioned earlier, ...

簡潔に言えば、

To put it simply, ...

では、皆様からの質問にお答えしたいと思います。

I would like to take some questions now.

平たく言えば、

In layman's terms, ...

✻ layman 素人、一般人

他にご質問がないようであれば、これで終わりにしたいと思います。

If no one else has any questions, then we can end here.

時間が迫ってまいりましたので、最後の2つの表はご自身でご覧いただければと思います。

We're running short on time, so please look over the last two charts on your own.

✻ run short on...　～が足りなくなる

もし私のデータ解釈に間違いがございましたら、遠慮なくお知らせください。

If I've misconstrued any data, feel free to jump in.

✻ misconstrue　～の解釈を誤る／jump in 割り込む

本日はご清聴ありがとうございました。

Thank you all for listening today.

9

質疑応答

Track 09

Q&A SESSIONS

質疑応答はプレゼンの最大の難関。コツはプレゼンの時点ですべての情報を出さないこと。重要な部分を敢えて説明せずに質疑応答に入ると、話さなかった重要な部分に質問が集中します。そこだけ完璧に準備して迎え撃ちましょう。

それでは質疑応答に入りたいと思います。

At this time, I'd like to start the Q&A session.

何かご質問はございますでしょうか。

Do you have any questions?

ここまでで何かご不明点はございますか？

Do you have any questions or concerns thus far?

＊thus far =so far（thus far のほうがよりフォーマル）

ご質問のある方はマイクのところでお願いいたします。

If you have a question, please come to the microphone.

はい、そこの赤いネクタイの方。質問をどうぞ。

Yes, you, sir, in the red tie. Go ahead with your question.

一番後ろの列のメガネの女性、質問をお願いします。

The lady in the last row, wearing glasses. Your question, please.

マイクをお持ちしますので、少々お待ちください。

We will bring a microphone, so please bear with us.

＊bear with us（me）は「ご辛抱ください」「少々お待ちください」という決まり文句。

部署名とお名前をおっしゃってから質問してください。

We request that you please say your name and department before asking your question.

スライドの10ページについて、詳細をご説明いただけますか。

Would you please go over the details on slide 10?

✻ go over... ～を説明する

今の説明ですが、新しい規則は全員に適用されるという理解でよろしいでしょうか。

If I'm understanding correctly, that explanation means the new rule applies to everyone, correct?

✻ ..., correct? そうですよね?

先ほどのグラフの説明をもう一度お願いできますか?

Could you please explain the earlier graph one more time?

作成された売上予測の具体的な根拠を教えてください。

Could you tell me specifically what your sales forecast is based on?

説明されたスケジュールは現実味がないように思うのですが、本当に間に合いますか?

I don't think the schedule you described is realistic. Will it really be achieved in time?

この資料のデータの数字は私たちの把握しているものと違うのですが。

The numerical data in this document is different from our understanding.

目標が未達だった場合どのようにするのか、本社の意向をお聞かせください。

Please tell us what you at the head office intend to do in case this goal is not met.

このプレゼンの内容を後でデータで送ってもらえますか?

Would you be able to send me your presentation files later?

質問ではないのですが、この内容では納得できません。

I don't have a question, but I'm afraid the information doesn't sit well with me.

＊sit well with... 〜に受け入れられる、〜にしっくりくる

良い質問ですね。

That's a good question.

それは議論の核心をついた良い質問ですね。

That's a great question, as it goes straight into the core of the matter.

今すぐに回答するのが難しいです。

I'm afraid it's difficult to give you an answer at present.

その件については、後ほど回答いたします。

I'll give you an answer about that later.

すみません。その件に関しては私どもの管轄外です。

I'm sorry, that issue is outside my authority.

＊authority 権限

質問は簡潔にお願いします。

Please keep your questions brief.

質問は1つずつお願いします。

One question at a time, please.

その件は今日の議題と関係ないので、ちょっとお答えできませんね。

That matter is not related to today's agenda, so I'm afraid I can't answer that question.

うーん。何とも言えませんね。

Well, I don't really have a response for that.

それについては、先ほども説明しました通り、

In regard to that, as I've already explained, ...

それについては、ちょっと確認させてもらえますか？

In regard to that, may I double-check the information?

次の質問で終わりにしたいと思います。誰か質問はありますか？

We'll take one last question. Is there anyone who has one?

以上で質疑応答を終えたいと思います。

That will conclude our Q&A session.

10

スケジュール

Track 10

SCHEDULES

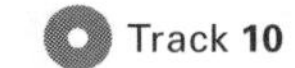

スケジュールの確認や連絡は、頻度の高いやり取りです。相手の立場によってはフォーマリティ（丁寧さ）を変える必要があります。色々な言い回しを覚えて臨機応変に使い分けを。

都合が悪くなってしまったので、改めて日程を調整させてください。
I'm afraid something has come up. Can we reschedule?

お忙しい中とは存じますが、
I understand you're busy, but...

来週1週間は出張で不在になります。
I'll be away on business all next week.

では、2時に伺います。交通事情によって多少前後するかもしれません。
Well then, I'll be there at 2, but depending on traffic it may be a bit earlier or later.

14日と15日は立て込んでおります。ご配慮いただけますでしょうか。
I'm fully booked on the 14th and 15th. Your consideration would be very much appreciated.

再来週だったら時間が取れそうです。
I'll be able to make time the week after next.

今週いっぱいは時間が取れません。
I'm unable to free up my schedule this whole week.
＊free up... ～（の予定）を調整して時間を空ける

明日の予定について教えてください。
Would you tell me about tomorrow's schedule?

どなたか、ジョンソンさんが午後社内にいるか知っている人いますか？

Does anyone know if Ms. Johnson will be in the office this afternoon?

ウィルソンさんの出張はいつまででしたでしょうか。

When is Mr. Wilson away on business until?

来週の頭は寒くなるようですね。

It seems like it's going to be cold early next week.

本日の来客は何時予定でしたでしょうか。

What time are our guests scheduled to arrive today?

今月の15日は防災訓練を行う予定です。

We're going to hold an emergency drill on the 15th of this month.

＊ emergency drill 防災訓練

電車の遅延の影響で、午後の会議が1時間遅くなるようです。

Due to train delays, the afternoon meeting will start one hour later than originally scheduled.

次の打ち合わせがありますので、この会議は3時までに終わらせたいと思います。

There's another meeting after this, so I'd like to end this one by 3 o'clock.

月曜日の午後、空いてますか？

Are you available Monday afternoon?

今お願いしている仕事は来週中に終わりそうでしょうか？

Do you think you'll be able to complete your assigned tasks by sometime next week?

この書類の提出期日は10日までです。

The submission deadline of this document is the 10th.

今日までに書類をいただけると伺っておりましたが、まだ届いていません。いつ頃いただけますか。

I haven't received the document you said you'd send by today. When can I expect it?

本日は緊急会議がありますので、早めに昼食を済ませてください。

We're going to have an emergency meeting, so please take an early lunch.

今から3時まで会議だから、その後お声がけさせてもらってもいいですか?

I have a meeting from now until 3, so would you mind if I talked to you after?

スケジュールを調整しておいて。

Please adjust the schedule accordingly.

✻ accordingly 状況に応じて適切に

研修のスケジュールに変更が入りました。

There's been a change to the training schedule.

✻ There's は There has の略。

会議が早めに終わったので、これから昼食食べてきます。

The meeting ended early so I'm going to go and have lunch.

本日はノー残業デーのため、全社員が6時に退社します。

Today is a "no overtime day," so all staff will go home at 6.

台風の影響で、明日の予定がすべてキャンセルになりました。

All of my plans for tomorrow were canceled due to the typhoon.

その時間は別の会議が入っています。

Another meeting is scheduled for that time.

すべて予定通りに計画が進んだので、納品に間に合いました。

Everything went according to plan, so we made it in time for delivery.

間に合いそうにありません。

It doesn't seem that we will be able to make the deadline.

＊ make the deadline 締め切りに間に合わせる

ギリギリ間に合いました！

We barely made it in time!

何とかギリギリ間に合うかもしれません。

I think we'll manage to make it in time, in some way or another.

＊ in some way or another 何とかして

部品が遅れている関係で、納品が遅れます。

Your products will be delayed as we are still waiting on some parts.

ご都合のつく日をお伺いしてもよろしいですか？

May I ask you when would be convenient for you?

大変申し上げにくいのですが、その日はお休みをいただいております。

I'm afraid I'm off on that day.

あれ？　今日休みじゃなかったっけ。なんで会社にいるの？

Huh? I thought you were off today. Why are you at work?

11

パソコン・ネット関連

Track 11

HANDLING PC/WEB-RELATED ISSUES

オフィスにネイティブの同僚がいる場合はPCやネット回りのことを英語で説明することがよくあります。画面を見ながらエクセルなどの操作を英語で指示・説明するのは意外と難しいもの。ここで確認しておきましょう。

パソコンがフリーズしました。
The PC has frozen.

インターネットがつながりません。
I can't connect to the internet.

パソコンの電源が急に落ちました。
The PC just powered off.

パソコンが起動しません。
The PC won't power on.

ログインできません。
I can't log in.

このアプリケーションの操作方法を教えていただけないでしょうか。
Could you tell me how to use this application?

何回もパスワードを間違えたので、ロックされてしまいました。
I entered my password incorrectly several times, so I've now been locked out of my account.
＊lock 人 out of... （人）を～から締め出す

パスワードを忘れてしまいました。リセット方法を教えてください。
I forgot my password. Could you tell me how to reset it?

エンターで改行しようと思ったら、メッセージを途中で送っちゃった。
I hit "enter" to start a new line, but I accidentally sent an incomplete message.

アルファ社のグリーンさんをメールのCCに含めたほうがよいでしょうか。
Should I include Ms. Green from Alpha Company in the cc line?

ブルースクリーンになってしまいました。
The PC is just displaying a blue screen.

操作方法がわからないので、ちょっとやって見せてもらえますか？
Would you mind showing me how to use this?

文字化けしています。
The text is garbled.
＊garbled 文字化けした

エラーメッセージは何でしょうか。
What is the error message?

再起動したら問題が解消しました。
Restarting the PC solved the issue.

終了ボタンを押して、一度画面を閉じてください。
Click the finish button, and then close this window for now.

無線LANに接続できません。
It won't connect to the wireless network.

このパソコン、すごくスピードが遅いです。
This computer runs very slowly.

プロジェクターに投影できません。
I can't display anything onto the projector.

プロジェクターへの接続方法を教えてください。
Could you please tell me how to connect to the projector?

このファイルの転送方法を教えてください。

How can I transfer this file?

✻ transfer　～を転送する

このファイルはどのフォルダに保存すればよいですか。

Which folder shall I save this file in?

ファイルは圧縮して送ってもらえますか?

Would you compress and send the file, please?

✻ compress　～を圧縮する

ファイルが重すぎてメールで送れなかったようです。

The file was so large that I was unable to email it.

画面右側のボタンをクリックしてもらえますか?

Would you click the button on the right side of the screen?

画面を下のほうまでスクロールさせるとOKボタンがありますので、それを押してください。

Scroll to the bottom of the screen, and you'll see the "OK" button which you'll then click.

アイコンをダブルクリックしてください。

Please double-click the icon.

✻ double-click ダブルクリックする

そのセルにカーソルを持ってきて、右クリックしてください。

Move the cursor over the cell and right-click on it.

✻ right-click 右クリックする

写真を挿入するにはどうしたらいいですか?

How can I insert a photo?

一番下に1行挿入してもらえますか?

Could you insert a row at the bottom?

✻ row 行

書式をコピーしてください。

Please copy this formatting.

上書き保存しちゃった!

I accidentally saved over the original!

ここからこの範囲をドラッグして選択してください。

Drag from here to select this area.

左に一列挿入してもらえますか?

Could you insert a column on the left, please?

✻ column 列

PDFに変換して保存してください。

Please convert this into a PDF file and save it.

バージョンを落として保存できますか?

Could you save this by rolling back the software version?

✻ roll back... 〜を後退させる

アルファベット順で並び替えてください。

Please arrange the names alphabetically.

セルの幅を調整してください。

Please adjust the width of the cells.

数値は関数を使って入力してください。

Please enter the figures using the appropriate function.

✻ function 関数

オブジェクトを右揃えにしてください。

Please align the objects to the right.

✻ align 〜を一直線に並べる

行間を広げられますか?

Could you increase the spacing between the lines?

✻ spacing 間隔

行間を狭めてください。

Please decrease the spacing between the lines.

箇条書きで書いてください。

Please write in bullet points.

✻ bullet point 箇条書き

棒グラフを折れ線グラフに変えてください。

Please change the bar graph to a line graph.

✻ bar graph 棒グラフ／ line graph 折れ線グラフ

12

問い合わせする

Track 12

MAKING INQUIRIES

知りたい情報を得るためには明確な疑問文を作る必要があります。何に関していつまでに、どのような回答がほしいのかは事前に整理を。フォーマリティにもバリエーションがあります。（フォーマリティについてはp.10–を参照）

御社の製品の保証についてお伺いしたいのですが。

I'd like to inquire about your product warranties.

✻ product warranties 製品保証

出荷スケジュールについてお聞きしたいのですが、こちらでよろしいでしょうか？

I'd like to make an inquiry about the shipping schedule. Is this the correct number?

✻ shipping 出荷

請求書についてお聞きしたいことがあるのですが、経理担当の方はいらっしゃいますか？

I have questions about this invoice. Is anyone from Accounting available?

✻ invoice 請求書

念のため確認したいのですが、御社の今年の最終営業日は29日で間違いないでしょうか。

Just in case, may I confirm that your last business day this year will be December 29?

✻ business day 営業日

請求書の金額が違うようなので、内容をご確認いただけますか。

The amount on the invoice seems to be different, so could you please check that for me?

知ってたら教えてほしいんですが。

I'd like to ask you something, if you happen to know.

支払い方法の種類について教えていただけますでしょうか。
Could you please tell me about the acceptable forms of payment?

有給休暇の申請方法について教えていただけないでしょうか。
Could you tell me how I can apply for paid leave?
✻ apply for... 〜を申請する／paid leave 有給休暇

商品Aを500個発注したいのですが、在庫はありますでしょうか。
I'd like to order 500 units of Product A. Do you have them in stock?

商品A 500個の見積書を送付いただけないでしょうか。
Could you send me a quote for 500 units of Product A?
✻ quote 見積もり

来週までに500個納品していただくことは可能でしょうか。
Is it possible to have 500 units delivered by next week?

正式に発注したいので、商品A 500個の請求書を送付いただけないでしょうか。
I'd like to place an order for 500 units of Product A. Would you please send me an invoice?

銀行振り込みではなく、クレジットカードで支払いすることは可能でしょうか。
May I pay by credit card rather than bank transfer?
✻ bank transfer 銀行振り込み

御社の製品のカタログを送付いただけますか。
Would you please send me your product catalog?

一度説明に来てもらえませんか?
Would you mind coming over to explain?

以前にいただいた見積もりは今でも有効か確認いただけますか。既に無効な場合には、新しく見積書をいただけると助かります。

Could you confirm that the quote I received earlier is still valid? If not, may I please have a new one?

＊valid 有効な

注文をキャンセルしたいのですが、キャンセル方法を教えていただけないでしょうか。

I'd like to make a cancellation. Could you please tell me how to do so?

納品日の確認のためご連絡いたしました。

I'm contacting you for confirmation regarding the delivery date.

いつまでだったら返品可能ですか?

Until when are returns accepted?

返品についてお聞きしたいのですが、担当部署はどちらになりますか?

I'd like to inquire about your return policy. Which department is in charge?

確認して、詳細をメールでいただけますか?

Would you confirm and then email me the details, please?

予約した内容を変更することは可能ですか?

Would it be possible to change the reservation details?

日本語の問い合わせ窓口はありますか?

Is there a customer service line in Japanese?

問い合わせ窓口の営業時間を教えてください。

What are the business hours for the customer service desk?

窓口は土日は開いてますか？　開いていないようでしたら、土日の連絡先を教えてください。

Is the information desk open on the weekends? If not, what is the number I can call?

トラブル発生時の緊急連絡先があったら教えてください。

Is there a contact number for emergency situations?

パスワードを忘れてしまったのですが、再発行していただけないでしょうか。

I've forgotten my password. Could you please reissue one to me?

現在はサービスを利用していないので解約したいのですが、解約方法を教えてください。

I'm no longer using the service, so I'd like to cancel my subscription. How would I go about it?

＊subscription 定額制サービス

サービスの解約方法を教えてください。

How can I cancel my subscription to the service?

1年未満で解約した場合、違約金はいくらになりますでしょうか。

If I cancel within a year, how much is the cancellation fee?

13

提案する

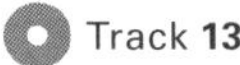

MAKING SUGGESTIONS

良い提案をすることは、できるビジネスパーソンの必須条件。思っているだけでは何も変わりません。積極的に良い提案をしていきましょう。

まずはやってみて、様子を見てみませんか。

Why don't we try it out and see how it goes?

とりあえずやってみて、やりながら修正していきましょう。

Let's try it out and adjust things as we go along.

✽go along 事を進める

この件については一度会議を開きたいと思うのですが。

I'd like to hold a meeting regarding this matter.

企画書を作ったので見てもらってもいいですか？

I wrote up a proposal. Would you mind taking a look at it?

✽write up... ～を書き上げる

仕事を効率化するために、我が社にも AI を導入するのはいかがでしょうか。

In order to improve work efficiency, why don't we implement AI in our company also?

✽implement ～を実行する

1つ提案があるのですが。

I'd like to make a suggestion.

一旦休憩にしましょう。

Let's take a brief break.

資料は事前にメールで送付したほうがよいと思うのですが。

I think it would be better to email the documents in advance.

本件については、各部門の責任者と話し合ったほうがよいと思います。

I think it would be better to discuss this matter with each department's person in charge.

事前に根回ししておいたほうがよいと思います。

I think it would be better to start persuading people in advance.

業務効率を上げるために、新しいソフトウェアを導入したいと思います。

In order to improve operational efficiency, I'd like to introduce some new software.

企画をまとめましたので、後でお時間をいただいてもいいですか？

I've put together a plan. May I have a moment of your time later?

✻ put together... 〜をまとめる

いくつか相談があるのですが。

I have a few things I'd like to discuss with you.

検討を重ねた結果、差し替え案ではなくもともとの案で進めさせていただきたいと考えております。

As a result of conducting numerous discussions, we have decided to proceed with our original plan rather than replace it.

今後の方針について良い案はありますでしょうか。

Do you have any good ideas about our future direction?

それは私のほうでやっておきます。

I'll handle that.

キックオフミーティングをしたいと思います。

I'd like to hold a kickoff meeting.

社内コミュニケーションの向上のために、一度飲み会を企画しましょう。

Let's organize a drinking party to help improve internal communication.

今度飲みに行きましょうよ。

Let's go drinking sometime soon.

一度検討しますので、もう一度提案させてください。

Let me reconsider some points and propose it again.

✻ reconsider　～を考え直す

いただいたお話を踏まえて、より良い提案をしたいと思います。

Taking on board what you told me, I'd like to put forth an improved proposal.

✻ take on board...（考えなど）を受け入れる／put forth（考えなど）を出す

御社の状況を踏まえますと、こちらがおすすめです。

This is what we recommend based on your company's current situation.

前回のお話を踏まえて、内容をブラッシュアップしてきました。

Based on our previous discussion, we fine-tuned our plan.

✻ fine-tune　～を微調整する

以前ご提案させていただいたお話についてですが、その後いかがでしょうか。

Following up on our past suggestion, what are your thoughts?

良いアイデアがあるので企画書を書いてみたのですが、どなたに提出すればよろしいでしょうか。

I've written a proposal based on an idea I have. Who should I submit it to?

✻ submit ... to 人　～を（人）に提出する

少しお時間をいただければ、内容を見直ししてもう一度ご提案させていただきます。

If I may be granted some time, I'd like to look over and revise the plan, then present it to you again.

✻ grant　～を与える

定例会議が形式化してきたので、もうやめませんか？　意味がないと思います。

Since our regular meetings have become only formalities, why don't we discontinue them? They seem pointless.

✻ formality 形式的な行為

紙ベースで保存をするのをやめて、すべてPDFで管理したいのですが。

I think we should keep a record of everything in PDF form, rather than on paper.

仕方ないです。もう一度最初からやってみましょう。

It can't be helped. Let's start again from scratch.

✻ from scratch 最初から

会議の後に、少しお時間をいただけませんか？

May I have a moment of your time after the meeting?

追加のコスト削減案を出しましたので、メールで送っておきます。

I've figured out how we can reduce additional costs. I'll email you later.

✻ figure out...　～を考え出す

ちょっと面白いアイデアがあります。

I have an interesting idea.

議事録はメールにベタ打ちで送ってもいいですよね？

It's OK to just type the minutes in the body of an email, right?

14

交渉する

Track **14**

NEGOTIATING

交渉はビジネス英語の中でも高い英語力を必要とする領域です。正しい主張を展開するだけでなく、敢えてその場では結論を出さない、毅然とした姿勢でNoを言うなど、言語に頼らない様々なテクニックもあります。

検討させていただきます。

I'll consider it.

そこを何とかなりませんか。

Can anything be done about that?

これ以上の条件はのめません。それが私どもの立場です。

We're not agreeing to any more conditions. That is where we stand.

その件は、一旦預からせてください。

Leave this matter to me for the time being.

＊for the time being　さしあたり、とりあえず

本件に関しては私が一任されております。

I've been entrusted with this matter.

＊entrust　～を任せる

私の一存では決められません。

I alone cannot make this decision.

持ち帰って検討いたします。

I'll sleep on it.

＊sleep on...　～について一晩考える

前向きに検討いたします。

I'll give it positive consideration.

欲を言えば、

If I'm being selfish, ...

話になりません。

That is ridiculous.

いい加減にしてください。

That's enough.

絶対に無理です。

It's absolutely out of the question.

✻ out of the question 問題外な、不可能な

守れない約束はできません。

I can't make promises that I can't keep.

それでは話が違います。

That's not what we discussed.

わかりました。その代わりに金額を下げてください。

I understand. In return, please reduce the price.

✻ in return （～の）代わりに

これ以上金額は下げられませんが、無料で追加サービスをおつけいたします。

I'm afraid I cannot reduce the price any further, but I can throw in some extra services free of charge.

✻ throw in... （おまけとして）～をつける

追加料金をいただければ、納期を早めることができます。

Delivery can be expedited for an additional fee.

✻ expedite ～を早める

このお見積もりからさらに減額するとなると、品質が極端に下がる可能性がありますが、許容いただけますでしょうか。

If you want a lower quote, the quality may be drastically reduced. Is that still acceptable?

もし弊社製品を100ロット以上購入いただけるなら、大幅に値引きさせていただくこともできますので、ご検討ください。

For your consideration, we will give you a sizable discount if you purchase 100 lots or more of our products.

✻ sizable かなり多い

恐れ入りますが、この点についてはこれ以上変更することができません。

I'm afraid that no further changes can be made regarding this matter.

弊社製品はスターダスト社製品に比べて格段に品質の良いものですので、この価格帯となっています。

Our products are in this price range because they are of much higher quality than Stardust's products.

ただ、もし今後も定期的にお取引いただけるようでしたら減額を検討させていただきます。

That being said, if you're able to place regular orders from here on out, we will consider lowering the price for you.

✻ that being said そうは言っても／from here on out 今後もずっと

検討した結果、御社の製品は他社に比べて若干高くなっておりますので、見送りにしてはどうかという意見が出ております。

After some internal deliberations, there are opinions that we should take a pass on your company's products, as they are more expensive than others'.

✻ deliberation 熟考、討議／take a pass on... 〜をやめておく

しかし、可能なら御社から発注したいと考えておりますので、見積もりを再検討していただけないでしょうか。

However, I'd like to order from you if possible, so would you mind revising your quote?

この見積もりでは予算を大幅に超えておりますので、申し訳ありませんが、10%程度の値引きを検討いただけないでしょうか。

This quote is way out of our budget. Is there any way you could shave 10% off the price?

✻ shave off… ～を値下げする

値引きのご依頼について承知いたしました。

I understand your request for a discount.

社内で検討した結果、発注数を1,000個増やしていただければ、10%の値引きに対応させていただくことが可能との結論に至りました。

After some internal considerations, we have concluded that we can offer a 10% overall reduction if an additional 1,000 units are ordered.

✻ reduction 値下げ

初回のお取引はこの金額で対応しますが、次回以降は通常の金額でお取引させてください。

For the initial transaction we will honor this lower price, but please understand that subsequent transactions will be made at the regular price.

✻ transaction 取引／honor ～を引き受ける／subsequent その後の

このプロジェクトを5人だけで1カ月で進めるのは不可能です。せめてあと3人増やしてください。

It's impossible to proceed with this project in one month with only five people. Please add at least three more people.

それでは御社希望価格と、弊社希望価格の間を取って決定しませんか？

Well then, shall we meet halfway on the price?

✻ halfway 中間で

今回はその条件でいいでしょう。その代わり、次回は当社の条件でお願いします。

We can agree to those conditions this time. That said, please agree to our conditions next time.

✻ that said そうは言っても

本日中に回答をいただけますか？
Could I please get an answer sometime today?

その価格であればご契約いただけますか？
Can we make a deal on this price?
＊ make a deal 取引する

COFFEE BREAK

ビジネス英語の攻略法

ビジネスで英語を使うためにはどれくらいの英語力が必要でしょうか？

もちろん英語で契約書を作成したり、法律を論じたり、交渉をしたりする場合はそれなりの英語力が必要だと思います。しかし、いわゆる業務上の一般的なやり取りであれば、そこまでの知識がなくても大丈夫だと思います。

文法は中学英文法をしっかり理解していれば結構通用します。単語に関しては業務に関連する単語・表現から押さえていけば何とかなります。大切なのはこれらが知識として身についているだけでなく、実際に使えるかどうかという点です。多くのビジネスパーソンが中学英文法と中学基礎単語を知識として身につけていますが、それを会話で使えるかと言えば多くの方はそうではありません。

ネイティブとの会話を前提として英語を学ぶ場合は、音読・暗唱をするなどのアウトプットを重要視してください。中学英語のすべてを完璧にアウトプットできるようになれば相当ペラペラになります。

逆に、しゃべる練習（音読）をしないで本番に挑むことは、1回も素振りをしないでバッターボックスに入るようなものです。知識と実践（スピーキング）の間には大きな隔たりがありますので、ぜひ音読・暗唱をしてスピーキング力の向上に役立ててください。

もちろん本書で学習する場合も音読・暗唱やシャドウイングを。

15

契約を交わす

Track 15

MAKING CONTRACTS

企業間の契約はリーガルチェックが済んだ正式文書で取り交わすことが多いのですが、条件面は口頭でのやり取りが主です。契約ごとですので、使う英語は流暢さよりも正確さに重きを置いて慎重に。

同意いただけるようでしたら、こちらにサインをお願いします。
If you agree, please sign here.

契約書面の原本を郵送いたします。
I'll send you a hard copy of the contract.

契約書の写しをお渡しいたします。
I'll give you a copy of the contract.

リース契約は5年契約にしますか、7年契約にしますか。
Would you like a five-year or seven-year lease?

お見積もりはいつまでにご用意いたしましょうか。
When would you like us to have the quote ready?

この金額で問題ありませんでしょうか。
Is this price satisfactory?
＊satisfactory 満足な

この仕様書で問題ありませんでしょうか。
Could you confirm that these specifications meet your requirements?
＊specification 仕様書

納期は2月末で間に合いますでしょうか。
Will a delivery for the end of February be acceptable for you?

ではこの見積もり内容で一旦検討します。

I'll take this quote under consideration for now.

✻ for now 今のところは

どのくらいのご予算を想定していらっしゃいますか。

What kind of budget are you considering?

決済はどなたが担当していらっしゃいますか。

Who is in charge of account settlements?

✻ account settlement 決済

これで準備を進めます。

With this, I'll go ahead with the preparations.

保守契約は結びますか。

Would you like to opt in for maintenance?

✻ opt in （加入するかどうか等を）選択する

保守契約を更新しますか。

Would you like to renew your maintenance contract?

契約書のドラフトを送りますので、内容に問題がないかご確認ください。

I'll send you a draft of the contract, so please check the details for any issues.

契約書は現在法務部でチェックをしております。

The contract is currently being checked by the Legal Department.

支払い条件はどうなっていますか?

What are your payment terms?

契約条件が今回から変更になっております。

The contract terms have been updated and will be effective from this point forward.

✻ from this point forward 今後、これ以降は

今月中にご契約いただければこの条件で進めます。

These terms will be in effect if you sign the contract by the end of this month.

✻ in effect 効力のある

契約を解除させてください。

I'd like to cancel our contract.

テックフライト社と業務提携契約を結びました。

We have agreed to an alliance contract with Tec Flight.

✻ alliance 提携、同盟

契約条件を変更させていただきたいのですが。

I'd like to change the terms of our contract.

現在、すべての取引先と契約条件の見直しを行っております。

We're currently reviewing all of our existing contracts that we have with our vendors.

✻ vendor 供給会社

新しい法律事務所と顧問契約を結びました。

We signed an advisory contract with a new law firm.

✻ advisory 顧問の

個人の税理士と業務委託契約を結ぶことにしました。

We've decided to contract with a freelance tax accountant.

✻ tax accountant 税理士

契約書の記入に漏れがありましたので、ご記入の上再度郵送ください。

There were some omissions in the contract, so please fill in all required fields and send it again.

✻ omission 見落とし、記入漏れ

そのサービスは契約条件に入っていませんよ。

That service is not included in the terms of the contract.

大口の契約が取れました！

We got a huge contract!

契約の打ち切りが決まりました…。

We received a termination of contract.

＊termination 終了

今月は、少なくともあと２件は契約が取れる予定です。

I'm expecting to get at least two more contracts this month.

16

海外出張する

Track 16

GOING ABROAD ON BUSINESS

初めての場所への出張は、事前に現地とやり取りをして様々な点を確認することから始まります。実りのある出張にするためには、しっかりとした事前準備と現地でのスムーズなコミュニケーションを。

旅程表を送ります。
I'll send you the itinerary.
＊itinerary 旅程、旅程表

レンタカーを手配してもらえませんか？
Would you please arrange for a rental car?

これからビザの申請をします。
I'm going to go and apply for a visa.

空港まで迎えにきてもらえますか？
Would you pick me up from the airport?

オフィスに直接向かいます。
I'll head straight to the office.

飛行機の予約がまだできていません。
I haven't booked my flight yet.

その土地の有名な料理が食べられるレストランを教えてください。
What restaurants serve the famous local cuisine?
＊cuisine 料理

日本料理店を教えてください。
Where can I find a Japanese restaurant?

緊張しすぎて吐きそう。
I'm so nervous I feel sick.

現地の人がいい人でありますように。
I hope the locals are friendly.

ホテルのロビーで待ち合わせしましょう。
Let's meet in the hotel lobby.

現地では工場を視察する予定です。
We're going to inspect the factories there.

現地のスタッフと打ち合わせをします。
We will have a meeting with the on-site staff.
✻ on-site 現地の

現地のスタッフの研修を担当する予定です。
I'm planning to conduct training with the on-site staff.

現地のスタッフと会食の機会を持ちたいのですが。
I'd like the opportunity to have dinner with the on-site staff.

現地のスタッフは英語は話せますか?
Can the on-site staff speak English?

日本語を話すスタッフはどれくらいいますか?
How many members of staff can speak Japanese?

日本からの駐在員は何名くらいいますか?
How many employees from Japan are there?

電車とタクシーのどちらを使ったほうがいいですか?
Would it be better to take a train or a taxi?

土日は自由行動でいいんですかね。
I wonder if we're free to do as we like on the weekends.

1日早く現地入りして、観光をさせていただこうと思っています。
I plan on getting there one day earlier to do some sightseeing.

カンファレンスにはどのような服装でいけばよいですか？
Is there a dress code for the conference?

プロジェクターを用意しておいてもらえますか？
Could you have a projector ready for us?

お土産は何がいいですか？
What kinds of souvenirs would you like?

時差はどれくらいでしたっけ？
What is the time difference again?
＊again もう一度教えてほしいのですが（以前聞いたことを再度聞きたいときに使う）

取引先のアポを取っておいてもらえますか？
Would you please schedule an appointment with our vendor?
＊vendor 供給会社

プレゼンの資料は一応メールでも事前に送っておきます。
I'll also be emailing the presentation documents in advance, just in case.

では、現地でお会いしましょう。
Alright, I'll see you there.

17

研修する

CONDUCTING TRAINING

目的が曖昧な研修は効果が落ちます。ローカルスタッフを相手に研修を行う際には、目的が明確にわかるように簡潔な英語を使います。また、相手の理解度を確認する表現を適宜使うように心がけてください。

まず簡単に自己紹介させていただきます。
I'll start off by briefly introducing myself.
＊start off by doing... 〜することから始める

本研修の講師の田上と申します。
My name is Ken Tagami, and I'll be your trainer today.

本日は私と、サブ講師のトーマスで進めさせていただきます。
I'll be the main trainer today, and this is my assistant trainer, Thomas.

本日は新しいシステム操作方法についてお話しさせていただきます。
Today, I'll be talking about the procedures for using our new system.
＊procedure 手順

スケジュールはこのようになっています。
The schedule will be as follows.

チーム内で各自1分程度で自己紹介し合ってください。
Please introduce yourself to your group for around one minute.

本日のテーマはお客様との話し方です。
Today's topic is how to interact with our customers.
＊interact with... 〜と関わる、互いに影響し合う

この研修を通して、問題解決能力を身につけていただきます。
The purpose of this training is for you to acquire problem-solving skills.

この研修のゴールは業界の最新技術について知ることです。
The goal of this training is to learn about the industry's newest technologies.

エアコンが効きすぎていて寒いという方はいらっしゃいますでしょうか。
Is the air conditioner on too low for anyone?

体調のすぐれない方は申し出てください。
Please let me know if you aren't feeling well.

初めはわからなくても大丈夫です。
It's OK if you don't understand at first.

スクリーンをご覧ください。
Please take a look at the screen.

お手元の資料の10ページをご覧ください。
Please turn to page 10 of your packet.
＊packet 書類一式

11時30分までチームで議論してください。
Please discuss in groups until 11:30.

午後のスケジュールを少し変更します。
We'll make a few changes to the afternoon schedule.

20分後の3時40分まで休憩にします。
We will take a 20-minute break until 3:40.

昼食後で眠いと思いますが、もう少ししたら座学ではなくディスカッションになりますのでこらえてください。
It's after lunch, so you may be sleepy, but please hang in there. We will soon move on from the lecture to a discussion.
＊hang in there 頑張る、持ちこたえる

お昼は1時までです。
Lunch is until 1.

トイレの場所はあちらです。

The restrooms are over there.

喫煙所はあちらのドアから行けます。

The designated smoking area can be accessed through that door.

＊designated 指定された

これからチームで、実際にあった例について話し合ってください。

Please start discussing real-world examples in your groups.

お手元に資料はございますでしょうか。

Does everyone have a copy of the documents?

資料がない場合は申し出てください。

Please let me know if you don't have a copy of the documents.

奥の席の方、私の声は聞こえてますでしょうか。

Can you hear me in the back?

1番だと思う方は挙手してください。

Please raise your hand if you think the answer is number one.

これについてご存じの方、聞いたことがある方はいらっしゃいますでしょうか。

Is there anyone here who has heard of or knows about this?

ここまでで不明点はございますでしょうか。

So far, so good?

ご質問はございますでしょうか。

Do you have any questions?

何かご意見はございますでしょうか。

Does anyone have any opinions?

素晴らしい意見ですね。その通りです。

That's an excellent opinion. You're exactly right.

研修後にアンケートがございますので、お手数ですがご回答お願いいたします。

There's an end-of-training survey. It would be great if you could fill it out.

以前の研修では、物足りないという意見もございました。

In the previous training, some people felt they could have learned more.

資料は研修後に電子データをメールでお送りします。

I'll send you digital copies of the documents via email later.

18

研修を受ける

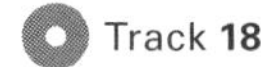

RECEIVING TRAINING

ネイティブからの研修を受ける場合は、自分の理解が正しいかをその都度確認。間違った理解のまま進むと研修の意味がありません。講師に自分の理解度を示すことは研修の成功にもつながります。遠慮せずに質問を！

質問してもよろしいでしょうか。
May I ask a question?

スクリーンの文字が見えません。
I can't see the text on the screen.

エアコンの設定温度が低いのか、寒すぎます。
It's too cold. Maybe the air conditioner is set too low.

声がよく聞こえません。マイクの音量を大きくしていただけないでしょうか。
I cannot hear you well. Would you mind turning your mic volume up?
＊mic（microphone）　マイク

すみません。先ほどの説明を勘違いしていました。
I'm sorry, I misunderstood your explanation from earlier.

この配布資料は持ち帰ってもよろしいですか？
May I keep this handout?

この資料に書き込みしてもいいですか？
May I write on this document?

画面を6ページに戻していただいてもよろしいですか？
Would you go back to slide 6, please?

体調が悪いので早退してもよろしいでしょうか。
I don't feel so good. May I please be excused early?
＊be excused 失礼する

お昼休みは何時まででしたでしょうか。
What time was lunch until?

次の休み時間は何時からですか?
What time is the next break?

グループディスカッションの残り時間はあと何分ですか?
How many minutes do we have left for the group discussion?

最後の部分がわからなかったのですが、もう一度説明していただけないでしょうか。
I couldn't understand the last part. Would you mind explaining it again, please?

次の講義は何時からですか?
What time is the next lecture?

私はこの研修を通して最新技術を学ぶことができました。
I was able to learn about the newest technologies from this training.

明日は何時集合でしょうか。
What time are we required to arrive tomorrow?

本日は貴重なお話をお聞かせいただき、ありがとうございました。
Thank you for the valuable information today.

非常にわかりやすかったです。
It was very easy to understand.

特に不明点はありません。
Everything is clear.

この研修で得た知識を今後の業務に生かしたいと思います。
I want to utilize the skills I acquired from this training in my work from here on out.
＊utilize　～を役立たせる／from here on out 今後は

研修後のテストなどはありますか?

Will there be a test after this training?

研修の資料を後日いただくことはできますか?

Could I get the training documents at a later date?

今後の課題が明確になりました。

I clearly understand what I need to improve for the future.

思っていた内容と全然違いました。

The information provided was completely different from what I expected.

この研修はみんな受けるべきだと思います。

I think everyone should receive this training.

強いて言えば、ディスカッションの時間がもう少しほしかったです。

If anything, I wish we had more time for discussions.

✻ if anything どちらかと言えば

正直眠くて、落ちそうになりました…。

To be honest, I was so sleepy I almost nodded off.

✻ nod off うとうとする

研修は良かったのですが、英語だったのですべて理解できたかどうか不安です。

I think the training was good, but it was all in English so I'm not sure if I understood everything or not.

19

上司に報告する

Track 19

REPORTING TO A SUPERVISOR

報告は鮮度が大事ですのでスピーディに簡潔に。特に英語では結論から話すスタイルが好まれます。仕事の進捗状況などもこまめに報告することによって、ネイティブの上司からの信頼を勝ち取りましょう。

ちょっとお時間よろしいでしょうか？
May I have a moment of your time?

すみません、報告が遅れました！
I'm sorry my report is late!

昨日の件、聞いてますか？
Did you hear about what happened yesterday?

お伝えしてましたっけ？
Did I tell you this already?

ビッグニュースです！
I have big news!

やりました！
I nailed it!

大変なことになりました。
There's a huge problem.

もうご存じかもしれませんが、
You may already be aware, but...

この間の件なのですが、
Regarding the matter from the other day, ...

別件なんですが、
Regarding another matter, ...

ご報告があります。

I have something to report.

事後報告となり申し訳ございません。

I apologize that this report is coming to you after the fact.

資料作成が完了しましたのでご報告いたします。

I'd like to inform you that I've finished creating the documents.

特に問題ありませんでした。

There were no issues.

些細なことですが、念のためご報告しておきます。

This is a small matter, but I'd like to let you know just in case.

トラブルが起きました。

A problem has occurred.

緊急でしたので現場で判断しました。

It was an urgent matter, so I made a decision on the spot.

* on the spot すぐその場で

この場合はこれで良かったですか?

Was this the correct thing to do in this case?

原因は現在調査中です。

The cause is currently under investigation.

取り急ぎ、現時点で判明していることをご報告いたします。

Let me report to you what I know about the current status.

ご出張の間の状況について、まとめてご報告いたします。

Please allow me to report everything that took place while you were away on business.

メイヤーさんが挨拶にいらっしゃいました。山田課長が代わりに対応されました。

Ms. Mayer came to say hello. On your behalf, Mr. Yamada spoke with her.

＊on 人's behalf （人）の代理で

30分ほど前にジェイ社のスミスさんよりお電話がありました。

There was a call from Mr. Smith of Jay Company around 30 minutes ago.

先日ご依頼いただいた件ですが、想定よりも時間がかかっております。

Regarding your request from the other day, I'm afraid it is taking longer than expected.

今週中に仕上げます。

It will be finished by the end of the week.

先方が大変お怒りで、上長を出せと言われております。

He's very displeased and is demanding to speak to a senior member of staff.

＊displeased 腹を立てて

今日中にこちらの作業が終わる見込みなので、明日からそちらに着手いたします。

This task is expected to be completed by the end of the day, so we will start on that one tomorrow.

ついででしたので机も拭いておきました。

Since I was already there, I also wiped down the desks.

＊wipe down... ～をきれいに拭く

大変申し訳ありませんが、親戚に不幸があったため、本日お休みを頂戴したく存じます。

I'm sorry but due to a death in the family, I'll be taking the day off today.

＊day off 休み

本日は家で仕事をさせていただきます。
I'll be working from home today.

子どもが熱を出したため、病院に連れて行ってから出社します。
My child has a fever, so I'll take him to the hospital before coming to work today.

20

相談する

Track 20

HAVING DISCUSSIONS

上司に気軽に相談するためには、普段から十分にコミュニケーションを取り、いつでも話ができる環境を整えておきましょう。部長や先輩などの呼称は英語では使いませんので、ここではyouに置き換えています。

ちょっと聞きにくいことなんですが、

This may be awkward to ask, but...

折り入ってご相談があるのですが…。

I would really like to ask your advice about something.

ご意見をいただきたいのですが…。

I was wondering if I could ask for your opinion.

来週お時間をいただけますでしょうか。

Would you be able to make some time next week?

困ったことになりました。

We have a problem.

実はあなたにしか言えないことがあって…。

Actually, there's something that I can only talk to you about.

✻ you を強調して言う。

まだ公にはしないでほしいのですが、

I don't want this information to be shared yet, but...

A案とB案までしぼりましたが、決め手に欠けております。

We have narrowed the choices down to idea A and idea B, but we're still in the process of making a final decision.

✻ narrow ... down　～をしぼる

優先順位が高いのはどちらでしょうか。

Which is the higher priority?

どのように進めましょうか。

How should we proceed?

このような進め方でよろしいでしょうか。

Is it OK if I proceed like this?

より効率的な方法があれば教えていただけますでしょうか。

Can you tell me if there's a more efficient method?

ジョイデール社との交渉が難航しております。

Negotiations with Joydale have been difficult.

本社の指示に納得できません。断ってもいいですか?

I'm afraid I can't go along with the instructions from the head office. Would it be alright for me to refuse?

✻ go along with... ～に賛成する、～に協力する

今後のキャリアプランについて相談に乗ってもらえませんか?

May I discuss my future career plans with you?

無茶を承知の上でご相談いたしますが、さらに割引をしてもよろしいでしょうか。

I know this may be an unreasonable request, but is there any possibility for me to offer an even lower price?

可能であれば、部長からクライアントに連絡を入れてもらえませんか?

If at all possible, would it be alright to ask you to contact the client?

✻ if at all possible 可能なら

下準備はできています。いつでもゴーをかけてください。

The preparations have been made. Please give us the green light anytime.

✻ give 人 the green light （人）に許可する

商談がまとまりそうです。課長からもうひと押しお願いします。

Negotiations are in their final stages. A push from you would be greatly appreciated.

次のプロジェクトの件で、ご相談があるのですが…。

I'd like to discuss the next project with you, if I may.

うまくいかなかったらどうしましょう。

What should I do if it doesn't go well?

作成したこの案なのですが、自分でもいまいちしっくりこなくて。ご意見いただけないでしょうか。

I was wondering if you could give me your opinion on this proposal I wrote up. I'm not completely satisfied with it.

新サービスの概要をまとめたのですが、これで意味は通りますでしょうか？

I've made an outline of this new service. Does it make sense?

＊make sense 筋が通っている

スベるのも覚悟の上でとりあえず試験的に色々やってみようと思います。

I think we should try many new things with the understanding that we might fail.

こういうときはあなたならどうしますか？

In times like these, what would you do?

チームメンバーの１人ひとりは優秀なのですが、協調性がなくて困っています。

Each individual team member is very competent, but I'm concerned that they lack teamwork.

＊competent 有能な

明日のプレゼン、間に合いそうにありません。

It doesn't look like we'll have tomorrow's presentation ready in time.

プレゼンの内容、一緒に確認してもらえませんか？

Would you mind looking over the details of my presentation with me?

プレゼンの説明に不備があったら、途中でフォロー入れてもらえますか？

If there's anything missing or incorrect during the presentation, could you cut in and follow up with that information?

✻cut in 話をさえぎる、割り込む

21

部下に指示する

Track 21

GIVING INSTRUCTIONS TO A SUBORDINATE

上司が曖昧だと部下はビジー。とにかく指示は明確に。部下であっても常にリスペクトの気持ちを持って接しましょう。関係性が構築できているなら、カジュアルな表現のほうがむしろ親近感が感じられることもあります。

今、手空いてる？
Are you free at the moment?

まずはできるところをやってください。
Do what you can for now.

こうしてもらえると助かるなあ。
It would be helpful if you did it this way.

悪いんだけど、ちょっとここ片づけておいてもらえる？
Sorry, but would you mind tidying up this area a little?
＊tidy up... ～をきれいに片づける

もし手が空いたら、在庫のチェックを進めてくれる？
When you have time, can you get started on counting inventory?
＊inventory 在庫

今日中にやってもらえると助かるんだけど。
It would be really helpful if you could do it by the end of the day.

いつ頃までにできそうか教えてください。
Let me know when you'll be able to finish by.

取引先への連絡を最優先で進めてもらえますか。
Could you prioritize contacting our customers?

3時の時点で一度進捗を教えてください。

Please give me a progress report at 3.

後で進捗聞かせてね。

Let me know of your progress later.

いずれにしても報告はください。

Please give me a report either way.

わからないところがあれば、その場ですぐに聞いてください。

If there's anything you're unsure about, please ask right away.

それに関してはテイラーさんが詳しいから聞いてみて。

Mr. Taylor knows a lot about that, so why don't you ask him?

発想はいいね。もう少し具体的な形に落とし込んでくれ。

The general idea is good. Please flesh it out with some more details.

＊flesh ... out　～を具体化する

計画が甘い。やり直し！

Your planning is too optimistic. It needs a do-over!

＊optimistic 楽観的な、（考え方・計画などが）甘い／do-over やり直し

君は取引先へ行くと萎縮するなあ。そんな内弁慶ではいかんぞ。

You tend to lose confidence when we visit business partners. You can't be a lion in the office but a mouse outside.

君は殻を破るために一歩踏み出す勇気が必要だな。

You need the courage to break out of your shell.

それをやる目的は何かな？

So what exactly is the purpose of doing that?

一旦、待ちで。

Please hold off for now.

＊hold off （～決断などを）延期する

メモを取りながら聞いてね。

Please take notes while you listen.

私が出張の間は、課長の指示に従ってください。

Please follow the section manager's instructions while I'm away.

この件は君に任せます。

I'll leave this matter up to you.

とりあえず話だけ聞いておいて。

Just listen to what they want to say for now.

まずは君の率直な意見を聞かせて。

Please start off by telling me your honest opinion.

ドリーメディア社の担当者に電話を入れて。

Please phone the representative of Dreamedia.

今度のエクィネットワークス社との打ち合わせは君にも入ってもらいます。

I'd like you to join our meeting with Equinetworks.

先方にメールを送って。CCに私を入れてね。

Please email them and cc me.

会議室をセッティングして、資料を配っておいてもらえるかな。

Can I have you set up the meeting room and distribute the documents?

歓迎会の店を探して予約しておいてもらえる？

Would you find a place for a welcome party and make a reservation?

席をはずすので、誰かから電話があったら折り返すと伝えて。

I'll be away from my desk for a moment. If anyone calls, please tell them I'll call them back.

22

謝る

APOLOGIZING

謝るときは表現も大事ですが、言い方と態度のほうが重要です。丁寧な表現を使えばよいというわけではなく、表情やイントネーションなども気をつけるようにしましょう。

お手数おかけいたしまして、誠に申し訳ございません。
I'm really sorry for the trouble.

心よりお詫び申し上げます。
I am deeply sorry.

大変失礼いたしました。
I must sincerely apologize.

すみません。
I'm sorry.

ごめん！
Sorry!

悪いと思ってる。
I feel bad about it.

この埋め合わせはどうすればいい？
What should I do to make up for it?
＊make up for... 〜の埋め合わせをする

今から謝りに行ってきます。
I'm going to go apologize to them right now.

お詫びの申し上げようもございません。
I can't apologize enough for it.

二度とこのようなことはないようにします。

I'll do my utmost not to make the same mistake again.

＊do one's utmost 全力を尽くす

遅れてすみません。

I'm sorry for being late.

以後気をつけます。

I'll be careful from now on.

お力になれず申し訳ございません。

I apologize that I could not be of help.

謝って済むことでないのはわかっております。

I am fully aware that an apology is not enough.

ミスの原因については現在調査中でございますので、追ってご報告申し上げます。

We are currently trying to assess how the mistake occurred. We will then report to you our findings.

再発防止に努めてまいります。

We will strive to prevent the same thing from happening again.

社を代表してお詫び申し上げます。

I'd like to apologize on behalf of my company.

＊on behalf of... 〜の代表として

すべては私の責任です。

I take full responsibility.

判断を誤りました。

I misjudged the situation.

そんなつもりはなかったんです。

That was not my intention.

またやっちゃいました。

I messed up again.

✻ mess up 台なしにする

ご期待に沿うことができず、申し訳ございません。

I'm very sorry that I was not able to meet your expectations.

大変長らくお待たせいたしました。

I apologize for the lengthy wait.

✻ lengthy （時間的に）長い

うまくいくと思ったんですけど。

I really thought that it would go well.

すみません！　私の勘違いでした！

I'm so sorry! It was my misunderstanding!

ごめん。今の嘘。

Sorry. That was a lie.

申し訳ありませんが、先ほどのメールは削除してもらえませんか？

I'm sorry to trouble you, but would you mind deleting that email?

それは私のミスです。

That was my mistake.

私の不注意でした。

It was my carelessness.

今回は見逃してください。

Please forgive me this time.

借りができちゃいました。

I owe you one now.

23

お礼を言う

Track 23

EXPRESSING THANKS

Thank you. は簡単で馴染みのある表現ですが、Thank you. ばかりを多用していると何だかありがたみが薄れてしまいます。同じお礼を伝える表現でも、状況に応じて使い分けるとより適切に伝わっていきますよ。

お気遣いいただきありがとうございます。
Thank you for your consideration.

ご尽力いただき感謝します。
Thank you for your efforts.

大変嬉しく思います。
I'm very happy.

いつも助かってるよ。
You're always a big help.

身に余る言葉です。
You are much too kind.

この度は、誠にありがとうございました。
Thank you very much for this.

大変恐縮です。
I'm very flattered.
＊flatter （人）を褒める、お世辞を言う

先日の出張では大変お世話になりました。
Thank you for all of your help on my recent business trip.

お招きいただきましてありがとうございます。
Thank you very much for inviting me.

何とお礼を言ったらよいか。
I don't know how I can express my thanks.

すべてはミラーさんのおかげです。
It's all thanks to Ms. Miller.

あなたがいなければうまくいかなかったと思います。
It wouldn't have gone well without you.

このご恩は忘れません。
I won't forget what you've done for me.

声を上げてくれてありがとう。
Thank you for speaking up in that awkward situation.

✻ speak up は「はっきりと（遠慮なく）言う」の意味。「言いにくいことを言ってくれて」というニュアンス。

おかげさまで売り上げは好調です。
Fortunately, sales are strong.

本当に助かりました。
You're a real lifesaver.

お休みをいただきましてありがとうございました！
Thank you for the time off!

みんなのおかげで目標を達成できました。
Thanks to everyone's help, we were successful in reaching our goal.

チームがここまで来ることができたのはデイビスさんのおかげです。
Our team was able to get to this point, all thanks to Mr. Davis.

こんな素晴らしいチームで働けてとても嬉しいです！
I'm so grateful to be working with such an amazing team.

迅速な対応、ありがとうございます。

I very much appreciate your prompt handling of the matter.

＊prompt 迅速な／handling 対応

君がいなかったら危なかった。

We would've been on thin ice if you hadn't been there.

＊would've は would have の略。／on thin ice 危険な状態で

君がいなかったらこうはできなかった。

I wouldn't have been able to do it like this without you.

今度1杯おごるよ。

Let me get you a drink the next time we go out.

心の友よ！

You're a true friend!

優しい！

How nice of you!

よく気づいてくれたね。

You did a good job catching that.

手伝ってくれたおかげで、間に合ったよ。

Because of your help, we made it in time.

なんてお優しい…。

That's so kind of you.

いつも悪いねー。

I always appreciate your help.

ありがとう！　じゃ、よろしくね！

Thanks! I'll leave it to you!

24

褒める

Track 24

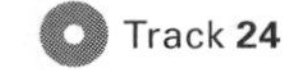

GIVING COMPLIMENTS

褒め上手はコミュニケーション上手。些細なことでも相手の良い部分を見つけてそれを伝えると関係性が良くなります。ポジティブフィードバックはチームビルディングの一環です。

さすが！
Great, just as I expected!

考えもつきませんでした。
I couldn't think of that.

あなたのいいところはいつも前向きなことです。
What's good about you is you're always positive.

素晴らしい！
Excellent!

あなたの仕事力には脱帽です。
Hats off to your work ethic.
＊hats off to... 〜には脱帽だ

素敵ですね！
You are wonderful!

彼女はいつも主体的に動いていて助かります。
It's a great help that she's so proactive.
＊proactive 積極的な

ばっちりですね！
Perfect!

やりますね！
Way to go!

あなたらしいですね！
You march to the beat of your own drum!
＊「自分なりのやり方で自由に行動する」というプラスの意味でも「我が道を行く」というマイナスの意味でも使われる。

何でもご存じなんですね！
You know everything!

とても素敵なオフィスですね。
This is a really nice office.

昨日のプレゼン、すごく良かったですよ。
Your presentation yesterday was really great.

わかりやすい説明をありがとうございます。
Thank you for your clear explanation.

彼はこの部署で一番の切れ者です。
He's the sharpest person in this department.

仕事が早くて正確ですね。
Your work is fast and precise.

ネクタイ、似合ってますよ。
I like your tie.

私など足元にも及びません。
You far surpass me.
＊surpass　～を超える

どうしたらスミスさんのようになれるんですか。
How can I become like you, Mr. Smith?

本当に憧れます。
I really admire you.

タイラーさんが来てから社内が明るくなりました。
The office has really brightened up since Ms. Tyler came.

ジョンソンさんは若手の良いお手本になってくださっています。

Mr. Johnson sets a good example for the younger staff members.

ウィリアムズさんは仕事ができるってみんな言ってますよ。

Everyone says that you're a great worker, Ms. Williams.

スミスさんを目標に頑張ります。

I'll try to be like Mr. Smith.

すごくわかりやすい資料ですね。

This document is very easy to understand.

そんなに素晴らしいスキルをお持ちだったのですね！

I didn't know you had such fantastic skills!

本当にうらやましいです。

I'm really envious.

あなたのような優秀な方に来てもらえて本当に良かった。

I'm so glad that such an outstanding person like you decided to join us.

✻ outstanding ずば抜けた

誰もができることではありませんよ。

Not everyone can do this.

あなたは会社の財産です。

I just want you to know that you're an asset to our company.

✻ asset 財産

25

感想を言う

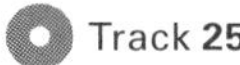

STATING YOUR THOUGHTS AND IMPRESSIONS

感想を言う表現のバリエーションが限られている人も多いのではないでしょうか。意見というほどではなくても、どう思ったかを表明することは大切です。寡黙な日本人だと思われないよう、感じたことを表現しましょう。

私の感想を申し上げます。
Let me tell you what I think.

あくまで個人的な意見になりますが、
This is purely from my point of view, but...

すごいね。
Wow.

感動しました。
I was impressed.

言葉にできない素晴らしさでした。
I can't put into words how great it was.

良かった点は、
The good points were...

残念な結果だね。
What a shame it ended that way.

思ってたのと違うな。
It's different from what I thought.

まあまあですね。
It's just OK.

ちょっと微妙だよね。
It's not exactly hitting the mark.

✻ hit the mark 的中する

何とも言えません。
I can't think of anything to say.

改善すべき点は、
The points to improve are...

全体的には良かったです。
Overall, it was good.

そうですね、思ったよりは良かったと思います。
Well, it was better than I expected.

期待通りです。
It was just as I expected.

前回の提案より良くなってるよ。
It's better than your previous proposal.

ただ、デザインは前回のほうがよかったと思う。
However, as for your design, I think the previous one was better.
＊as for... 〜に関しては

身近なことを例に挙げてもらってわかりやすかったです。
It was easy to understand because I could relate to your examples.
＊relate to... 〜に共感する

良かったと思いますが、まだまだ改善できるね。
It was good, but there are still many points to improve.

少し修正したほうがよいと思います。
I think you should make a few small changes.

全然だめ。話にならない。
It's unacceptable. That's all I have to say.

なんでこんな内容になったんだ!?

How did it turn out this way?!

ちょっと古い感じがするな。

It feels a little out-of-date.

✻ out-of-date 時代遅れの

逆に、自分ではどう思うの?

How about you, what do you think?

✻ you を強調して言う。

個人的には好きだよ。

Personally, I like it.

いいんじゃない?

Seems OK.

すごくいいですね!

That's excellent!

完璧です。

Perfect.

良さそうですね。

Sounds good.

26

ブチ切れる

Track 26

BEING INFURIATED

感情的になってはいけないと思いますが、理不尽なことを言う人に対しては瞬発力で対抗したいものです。こういう表現は言うタイミングが大事。時には相手の言葉にかぶせるくらいの勢いで。

ふざけんなよ!!
Are you kidding me?!

打ち合わせのときにお伝えしているのですが。
I told you that in our meeting.

それは私のせいだとおっしゃっているのですか?
Are you saying that it's my fault?

ふざけないでよ!
Don't joke around with me!
＊joke around 馬鹿馬鹿しいことを言う

冗談じゃないよ!
What a joke!

真面目にやれ。
Take it seriously.

何度同じことを言わせるんだ!
How many times do I have to tell you?!

マジで言ってんの?
Are you being serious?

御社とのお付き合いはここまでとさせていただきます。
This is our last time to do business with you. Good luck with your future endeavors.
＊endeavor は「試み」の意味。ここでは2番目の文は嫌味で使っている。シチュエーションによってはもちろん良い意味で使うこともできる。

あなたでは話になりません。
This conversation will not go anywhere with you.

話のわかる方と代わってください。
Get someone who will understand this matter.

ですから、これ以上あなたと話すことはありません。
Like I said, there's nothing more to discuss with you.

言い訳ばかり聞かされても困ります。
I don't like to keep hearing your excuses.

それはそちらの都合ですよね？
That is only for your convenience, right?

どれだけの損害が出たかわかってるんですか。
Do you understand how big of a loss we incurred?
＊incur （ある行為の結果として）～を負う

どれだけの人に迷惑をかけたと思ってるんですか。
Are you aware of how many people you inconvenienced?

いい加減にしてください。
That's enough!

謝って終わりにするつもりですか？
Do you think apologizing will take care of everything?

もう少しで取り返しのつかないことになるところだったんですよ！
You almost caused a catastrophic situation!
＊catastrophic 破滅的な

二度と同じことをするなよ。
Don't ever do that again.

自分のしたこと、理解してますか？
Do you understand what you've done?

やってられませんね。
I'm done with this.

わかったか！
Understand?!

あなた方と一緒にしないでください。
Don't put me in the same category as you.

もう無理です。
I'm over this.

何考えてるんですか!?
What are you thinking?!

これ以上私を怒らせないでください。
Please don't make me even angrier.

どういうことですか！
What do you mean?!

もっと早く言えよ！
You should've told me earlier!
＊should've は should have の略。

なんで黙ってたんだよ！
Why didn't you say anything?!

黙れ！
Be quiet!

黙ってないで何か言えよ！
Don't just sit there, say something!

27

ごまかす

Track 27

EVADING RESPONSIBILITY

ビジネス上のコミュニケーションでごまかすことはあまりお勧めできませんが、その場で言わなくてもよいことを敢えて言わないというのもテクニックの1つ。関係者全員がハッピーになるために、時には明言せずに…。

さあ。どうでしょう。
Well, I don't exactly know...

ちょっとよくわかりません。
I'm not too sure about that.

善処します。
I'll see what I can do.

それについては知りませんでした。
I wasn't aware of that.

それはスミスさんに言ったんですけどね。
I told Mr. Smith about that, though.

昨日はちょっと体調が悪かったものですから。
It was because I was feeling a little unwell yesterday.

ただの冗談ですよ。
I was just joking.

ちょうど今やろうと思っていたところです。
I was just about to do it.

そんなことはないと思うのですが。
I don't think that is the case.

すみません。まずは確認させてもらえますか?
I'm sorry, but could I just confirm something first?

ご理解いただけないことは誠に遺憾です。
It's a shame that you're not able to understand our side.

私は前任からそう教わったんです。
My predecessor told me to do it that way.
✻ predecessor 前任者

私も全く同じことを言おうとしていたんですよ。
I was just about to say the same thing.

ちょっと立て込んでまして…。
We're a little busy over here...

私は聞いておりませんでしたので。
I was not informed.

私はそのように聞いております。
That's the information I received.

聞いていません。
No one told me.

私の一存では何とも言えません。
I don't have the authority to give you an answer.
✻ authority 権限

上司に確認しないと何とも言えません。
I need to check with my boss before I can give you an answer.

聞いていた話と違います。
That's not what I heard.

確認してみないことにはわかりません。
I can't say until I confirm that.

恐れ入りますが、まだ原因がわかっていません。
I'm afraid I still don't know what the cause is.

その件について、現在わかる者がおりません。

There isn't anyone who knows about that matter at this time.

良い質問です。詳細は確認しますので、追って連絡します。

That's a good question. I'll check the details and get back to you.

さすが、良いところに気づきましたね。そこまでは気づきませんでした。

Wow, good eye! I didn't even notice that.

記憶にございません。

I don't recall.

＊recall 思い出す

なるほど、そう伝わってしまってたんですね。

I see, that is how it came across.

＊come across （気持ちや考えが）伝わる

お互いに勘違いしていた可能性がありますね。

I think we got our wires crossed.

＊get one's wires crossed 誤解する

28

面談する

HAVING ONE-ON-ONE MEETINGS

一対一での面談は、普段よりも一歩踏み込んだ内容を話すことができる機会です。メンタル面の抽象的なことは英語で表現しにくいので事前準備を。なお、英語では人を役職で呼びませんので、ここではyouに置き換えています。

/// 上司から部下へ Addressing an employee

Track 28

今期の調子はどう？
How is this term going?

最近何か悩みはある？
Do you have any worries or concerns these days?

最近不調なようだけど、どうかした？
You haven't been your usual self recently. Is everything OK?

急で申し訳ないけど、明日の３時から面談の時間をもらえないかな？
Sorry for the short notice, but can you and I have a meeting at 3 tomorrow?

率直に言って、どう思いますか？
What do you honestly think?

どうすれば良かったと思う？
What do you think would've been the best thing to do?
✻ would've は would have の略。

今期は大活躍だったね。来期もぜひよろしくね！
You did an excellent job this term. Keep up the great work!

君の次期の目標達成をするために取り組むことは何ですか?

What are you planning to do in order to achieve your goal for the next term?

抽象的なことではなく、具体的な行動を教えてください。

Please tell me specifically what you'll do, rather than give vague ideas.

面談ではお互いの理解を深めるために、自由に意見を交換することが大事です。

In order for both parties to have a deeper understanding, it is important to exchange opinions freely in a one-on-one meeting.

自分のパフォーマンスを評価すると100点満点中、何点ですか?

How would you evaluate your performance out of 100?

＊evaluate　～を評価する

もっと客観的に自分を見たほうがいいよ。

You should look at yourself a little more objectively.

緊張しないで気軽に話してください。

Don't be nervous. Feel free to speak openly.

プライベートで心配事でもあるのかい?

Is everything going alright outside of work?

どうしてそう思ったのかな。

Why did you think that?

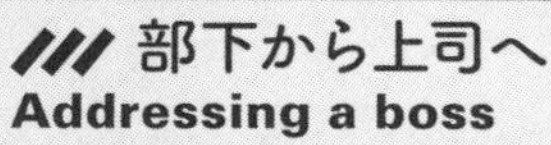

近いうちに面談をお願いできませんか。

May I have an individual meeting with you sometime soon?

部長に折り入って相談がありますので、お時間いただけないでしょうか。
I have something I'd like to discuss with you. Would you be able to make some time?

実は仕事と家庭の両立という悩みがあり、アドバイスいただきたく相談いたしました。
To be honest, I'm having trouble balancing work and family. I came to you hoping for some advice.

実は現在進行中のプロジェクトがうまくいっていない状況で困ってます。
Actually, I'm concerned because my current projects are not going well.

ここ最近、疲れていて業務に集中できないことがあります。
Recently, I've been tired and unable to focus on my work at times.

今やっている業務は評価していただけるのでしょうか。
Will my current work be evaluated positively?

自己評価は70点くらいです。
My self-evaluation is about 70 out of 100.

来期はこれまでの反省を生かして結果を出します。
I'll do my best to produce results next term with the lessons I've learned.

今回の目標設定は精一杯ストレッチした目標にしていますので、これ以上は難しいと思います。
Our current goal is already a bit of a stretch, so I think it is too difficult to push it even further.

チームメンバーとの関係は良好だと思います。
I think I have a good relationship with my team members.

普段の私の仕事内容についてフィードバックをいただけますか?
Could I please have some feedback on my daily performance?

頑張っているつもりですが、私のパフォーマンスで足りないところはありますか？

I'm doing my best, but is there any part of my performance that I should try to improve?

今後私が取り組むべきことは何でしょうか。

What should I work on from here on out?

＊ from here on out 今後は

会社から求められることと、実際に私ができることに大きな隔たりがあるように思います。

I think there's a big difference between what the company expects from me and what I can actually do.

この話はここだけの話にしておいてください。

Please keep this between us.

貴重なお時間をいただきありがとうございます。

Thank you for your valuable time.

29

キャリアについて話す

Track 30

TALKING ABOUT YOUR CAREER

自分が成し遂げたいビジョンやキャリアプランは、普段から明言することによって実現に近づいていきます。理想の将来像は常日頃から明確にし、いつでも英語でもスラスラと語れるとGoodです。

今のポジションで2～3年経験を積んだ後に、経営企画部に移りたいです。

After I get two to three years of experience in my current position, I'd like to transfer to the Corporate Planning Department.

＊Corporate Planning Department 経営企画部

海外の現地法人で空いているポジションはありませんか？

Are there any vacant positions at our overseas subsidiaries?

＊subsidiary 子会社

マーケティング部への社内公募に応募したいです。

I'd like to apply for the internally advertised Marketing Department position.

私は将来的にはマネージャーを目指しています。

I'm aiming to become a manager in the future.

人の管理よりも技術のほうが好きなので、今後もエンジニアとして会社に貢献したいです。

I prefer working with technology to managing people, so I'd like to continue contributing to the company as an engineer.

将来が見えないので、人事に相談します。

I don't have a clear idea of my future, so I'll discuss it with the Human Resources Department.

実は３年以内で転職を考えています。

Actually, I'm thinking of changing jobs within the next three years.

将来は独立して会社を興したいです。

I'd like to start and run my own company in the future.

＊run　～を経営する

３年後に課長になり、40代のうちに部長になりたいです。

I want to become section manager in three years and then department manager when I'm in my 40s.

＊in my 40s は「40代で」の意味。in one's ○○で「○十代」と言うことができる。10代と言うときは in my teens となるが、その他は 20s, 30s と続く。

ずっと営業畑だったので、一度人事部も経験したいと思っています。

I've always worked in sales, so I'd like to experience working in HR.

ずっと間接部門だったので、一度は営業を経験したいと思っています。

I've always worked in the back office, so I'd like to experience working in the Sales Department.

＊back office 事務管理部門

将来的には海外支店で働くことを目指しています。

I'm aiming to work at an overseas branch in the future.

アメリカを拠点として働きたいのです。

I'd like my job to be based in the United States.

アメリカで人材を必要としている支店はありませんか。

Are any of the branch offices in the United States recruiting?

国内の仕事よりも海外の仕事に興味があります。

I'm more interested in working internationally, rather than domestically.

キャリアアップのために転職してきましたが、この職務内容では正直キャリアダウンです。

I changed jobs in order to advance my career, but doing this work makes me feel like it is a step down.

育児休暇を終えたら復帰して働きたいです。

I'd like to go back to work after taking parental leave.

✻ parental leave で「育児休暇」の意味。育児休暇は国によって childcare leave, family leave など呼び方が変わる。

どんな結果を出せば昇進できるか教えていただけないでしょうか。

What kind of results do I need to produce in order to get promoted?

営業から製造に部署異動することは可能でしょうか。

Would it be possible to be transferred from the Sales Department to the Manufacturing Department?

エンジニアが営業に部署異動した事例があったら教えてください。

If there were any cases of engineers transferring to the Sales Department, could you tell me about them?

✻ transferring は自発的に異動したニュアンス。会社の命令による異動のニュアンスにする場合は transferred。

部長が今までどんなキャリアパスを歩んできたのか教えてください。

Could you tell me what kind of career path you followed?

私はどんな職務が向いていると思いますか？

What kind of job do you think best suits me?

MBAを取得することはキャリアアップに効果がありますか？

Will getting an MBA help to advance my career?

ポジションごとに基準となるTOEICの点数があれば教えてください。

I'd like to know what the required TOEIC scores are for each position.

昇進のために必要な英語力はどれくらいか教えてください。

Could you tell me the English level needed for promotion?

どんなに英語がうまくても、実務ができなければ意味がない。

It doesn't matter how good your English skills are if you can't put them to good use.

やりがいは重要ですが、それなりの報酬も必要です。

Feeling fulfilled is important, but sufficient remuneration is also vital.

✻ remuneration 報酬

目標から逆算して、今するべきことを考えたほうがいいよ。

It's best to think about what your goals are first and then think about what you need to do to achieve them.

新入社員でも将来を考えるのは大事なことですよ。

It's important, even for new employees, to think about the future.

転職したって何も変わらないよ。

Changing jobs won't make a difference.

30

トラブルが起きたとき

Track 31

WHEN PROBLEMS OCCUR

トラブルの処理や問題解決は仕事そのものです。通常業務で起こる問題、および業務時間外で起こる問題や緊急事態に対しての表現を揃えました。

電車に乗り遅れてしまいました。

I missed the train.

＊乗る予定の電車に間に合わなかったという意味。

電車を乗り過ごしてしまいました。

I missed my stop.

＊降りる駅を逃してしまったという意味。

電車が遅延しています。

The train is delayed.

電車が運転を見合わせています。

The train is temporarily suspended.

＊temporarily 一時的に／suspend　～を停止する

地震が発生しました。

There's been an earthquake.

＊There's は There has の略。

本社と連絡がつきません。

I'm unable to contact the head office.

緊急連絡先の電話番号を教えてください。

Please give me your emergency contact phone number.

子どもが発熱して病院に連れて行かなければなりません。

My child came down with a fever, so I need to take him to the hospital.

＊come down with... （病気）にかかる

急な連絡で申し訳ありませんが、本日はお休みにさせてください。

I apologize for the short notice, but I need to take a day off today.

本日私がする予定だったプレゼン、部長にお願いしてよろしいでしょうか。

May I ask you to possibly give the presentation that I was scheduled to give today?

すみません。寝坊しました。

I'm very sorry. I overslept.

今から向かいますが、1時間ほど遅れます。

I'm going to head there right now, but I'll be about an hour late.

本日の作業を予定通り終えることは困難です。

It will be very difficult to complete all of today's tasks as planned.

納期に間に合いません！

We will not make it by the due date!

✻ due date 締切日

スケジュールを再調整する必要があります。

It's necessary to make additional changes to the schedule.

トラブル発生です。

There's a problem.

何かトラブルが発生した要因についてお心当たりのある方はいらっしゃいますでしょうか。

Is there anyone who has information, or happens to know, about the root cause of the problem?

✻ happen to do... たまたま～する

とりあえず、私のほうで何とかしてみます。

For the time being, I'll try to do something on my end.

✻ on one's end こちらで、当方で

まず状況を整理しよう。

First, let's assess the situation.

トラブルの内容を確認して、至急折り返し連絡ください。

After you verify the details of the problem, please call us back as soon as possible.

エラーコードの意味を確認したいのですが、製品マニュアルがどこにあるかご存じですか。

I'd like to check what this error code means. Would you happen to know where the product manual is?

現在、関係者に連絡を取って早急に復旧作業を進めております。

I have contacted all related parties and we're taking steps in the immediate recovery process.

現在のところ原因は不明です。

At this time, the cause has yet to be identified.

現在のところ原因の特定には至っておりません。

At present, we have yet to find the specific cause.

調査を進めておりますので、今しばらくお待ちください。

We're moving forward with our investigation, so please wait a little longer.

わかり次第ご連絡させていただきます。

As soon as we know, we will contact you.

業務に影響が出ているため、要因調査よりも復旧を優先します。

We will prioritize the recovery, rather than figure out the root cause, as it is impacting our business.

明日の朝一で対応します。

I'll handle it first thing in the morning.

まずは警察に連絡を入れて、次の指示を待ってください。

First, contact the police, then wait for further instructions.

すぐに関係者に連絡します。
I'll contact the people involved immediately.

状況を正確に確認させてください。
I'd like to accurately verify the situation.
＊verify 調査などによって〜を確かめる

緊急事態ですので、この際ルールは破って構いません。
Since this is an emergency situation, it's OK to break the rules.

人命を最優先に考えて行動してください。
Human lives are the top priority, so please take action accordingly.
＊take action 行動を取る／accordingly （状況に応じて）適切に

COFFEE BREAK

Department と Division の違い

本書には様々な部署名が登場しますが、その英訳はDepartmentやDivisionなど、バリエーションがあります。どちらの単語を使うべきかは、会社によって違います。念のため、実際にアメリカ人、イギリス人、オーストラリア人など複数のネイティブスピーカーに確認しましたが、やはりその会社の組織編成や会社の規模などによって大いに異なるというのが全員一致の意見でした。

それぞれの単語を辞書で調べると、多少の違いはありますが、department「（会社・企業など組織上の）部門・部署・課」、division「（官庁・会社などの）部・局・課」などと書かれています。つまりどちらも似たような意味で、明確な使い分けの基準はありません。1つのdepartmentの中に複数のdivisionがある場合もあれば、その逆もあり得ます。この他に、組織を表すのに使われる単語には、unit（部、部署、課）やsection（部、課）などがあります。会社によって異なるということを理解しておくとよいでしょう。

31

経費・備品関連

Track 32

WHEN HANDLING EXPENDITURES AND SUPPLIES

経費や備品に関連するフレーズを一通りまとめました。総務関連の英語は使い慣れないとなかなかパッと出てきませんので、ここで確認してみてください。この分野の英語はTOEICでも出題されます。

すみません。前回の出張費をまだ精算していません。

I'm sorry. I haven't settled the previous travel expenses yet.

＊travel expense 旅費、出張費

期をまたいでも、経費は精算できるのでしょうか？

Can expenses be settled even if it is past the settlement period?

経費はできるだけ節約してください。

Please try as much as you can to reduce expenses.

交通費の精算の締め切りはいつですか？

When is the deadline to request reimbursement for transportation expenses?

＊reimbursement 返済、払い戻し／transportation expenses 交通費

今期の営業課の残り予算額は100万円です。

The Sales Division has one million yen left in their budget this period.

経費として購入すべき機器があったら早めに見積もりを出してください。

If there's any equipment that should be purchased by the company, please submit an estimate as soon as possible.

備品は総務部が管理しています。

Office supplies are handled by the General Affairs Department.

＊General Affairs Department 総務部

補充したい備品があれば、総務に連絡するようにしてください。

If there are any supplies that need to be replenished, please contact General Affairs.

✻ replenish　～を補充する

各部署で確保しているボールペンやノートなどの備品の在庫が少なくなってしまった場合には、管理部にご連絡ください。

If any department is running low on their inventory of pens, notebooks, etc., please inform the Management Division.

✻ inventory 在庫／Management Division 管理部

名刺が減ってきたので、発注をお願いしたいのですが。

I'm running low on business cards, so I'd like an order to be placed.

✻ run low on...　～が不足する

これ、あそこの棚にしまっておいてもらえますか？

Could you put that away on the shelf over there?

普段から整理整頓しておかないと、必要なときに見つけられなくて困るよ。

We need to keep things organized on a regular basis. Otherwise, we'll have trouble finding something when we need it.

✻ on a regular basis 日常的に

会社の備品を持ち帰らないでください。

Please refrain from taking office supplies with you for personal use.

✻ refrain from doing...　～するのを慎む

あそこの蛍光灯が切れているので替えておいて。

That fluorescent light is out, so could you replace it?

✻ fluorescent light 蛍光灯

誤って私物のクレジットカードで備品を購入してしまったのですが、経費として申請する方法はありますでしょうか。

I mistakenly used my personal credit card to purchase supplies, but is there any way I can count that as a work expense?

✻ work expense 経費

大量発注の場合にはまとめ買いができるため、価格が安くなります。

When purchasing a large quantity of the same item, bulk pricing is available so the price per item is lower.

✻ bulk 大量の

1万円以上の備品・消耗品は管理者の許可がないと購入できません。

To purchase supplies worth 10,000 yen or more, you must get approval from your supervisor.

月末ですので、経費の申請はお早めにお願いいたします。

It's the end of the month, so I'd like to request that everyone submit their expense requests as soon as possible.

先月分の交通費を経費に追加したいのですが、間に合いますでしょうか。

Is it too late to add last month's transportation expenses?

出張で利用した車のガソリン代は経費になりますでしょうか。

Will the amount paid for gas on my business trip be considered a work expense?

電車代、バス代、タクシー代、宿泊費を経費として申請したいです。

I'd like to submit my train, bus, and taxi fares as well as my overnight accommodation as work expenses.

✻ overnight accommodation （1泊の）宿泊

経費の申請方法がわかりませんので教えていただけないでしょうか。

Would it be possible for you to show me how to submit a request for expense reimbursements?

✻ reimbursement 払い戻し

経費に計上できる項目の一覧表はありますでしょうか。

Is there a list of items that can be counted as work expenses?

勉強用のテキスト代を経費として申請したいのですが、満額申請することはできますでしょうか。

I'd like to submit my work-study textbooks as expenses, but would it be possible to be reimbursed the full amount?

この間の飲み会は経費で落ちますか？

Will the drinking party the other night be covered by the company?

これは経費で落ちないよ。

This won't be counted as a work expense.

うちの経理部は結構うるさいんですよ。

You know, our Accounting Department is rather strict.

＊ Accounting Department 経理部

今月は予算が厳しいため、接待費を抑える必要があります。

Our budget is tight this month, so it is necessary to keep our dining expenses to a minimum.

管理部門に顔が利くと、経費申請時のトラブルが少なくなります。

If you have a good relationship with the management, your expense requests are more likely to be processed smoothly.

職種・業種別フレーズ

Phrases for Specific Jobs and Fields

様々な職種や業種でよく使われる表現や単語をまとめました。航空や医療、ホテル、エンジニア向けのものから、経理、人事、営業などのフレーズも網羅しています。

32

ITエンジニア

Track 33

IT ENGINEERS

システムやアプリケーションなどを通じて海外支社とやり取りをすることは、ITエンジニアに限らず、すべての職種で可能性があります。ITエンジニアはもちろん、様々な部署で役に立つ単語やフレーズをまとめました。

このバグの原因、わかりますか?

Do you know what's causing this bug?

通信障害の要因は何でしょうか?

What's the cause of the connectivity failure?

✻ connectivity failure 通信障害

通信元端末が送信したセッションセットアップ要求に対し、通信先端末が応答していません。

The destination terminal is not responding to the session setup request sent by the source terminal.

✻ destination terminal 通信先の端末/source terminal 通信元の端末

OSを再起動しても無線LANでネットワークに接続できません。

I cannot connect to the network via wireless LAN even after restarting the OS.

ネットワークアダプターのドライバーを最新版に更新してみてください。

Try updating the network adapter driver to the latest version to resolve the problem.

アプリケーションの起動に失敗しました。

The application failed to start.

アプリケーションが出力したログを確認し、失敗の要因を調査してください。

Check the application's output log, then investigate the cause of the failure.

恐れ入りますが、現在のところ要因の特定には至っておりません。

I'm afraid that we have not yet identified the main cause.

弊社エンジニアで専任チームを構成して至急調査を進めております。

We have set up a dedicated team of engineers who are conducting an urgent investigation.

✻ dedicated 専任の、特化した

ファイルサーバーにアクセスできる場合とできない場合があると伺っております。

I've heard that, depending on the situation, we may or may not be able to access the file server.

アクセス方法の違いによって結果が異なるかなど、詳細を教えていただけないでしょうか。

Can you please give me details, such as whether or not each access method will produce a different result?

業務アプリケーションの操作中にエラーが発生すると伺いました。

I heard that an error occurs while operating the business application.

どのような操作を行ったときにエラーが発生したのか教えてください。

Can you please tell me what kind of operation was running when the error occurred?

画面に表示されたエラーメッセージとエラーコードを教えてください。

Can you please tell me the error message and code displayed on the screen?

可能でしたらエラー画面のスクリーンショットをお送りくださいますようお願いいたします。

If possible, please send a screenshot of the error screen.

以下のURLからサイトにアクセスしてインストーラーをダウンロードし、アプリケーションをインストールしてください。

Please access the website via the following URL, download the installer, and install the application.

サーバーへのアクセス数の上限値を増やすためには、レジストリの値を変更後、OSを再起動する必要があります。

After changing the registry values, the OS needs to be restarted in order to increase the maximum number of connections.

事象の発生日時をすべて正確に教えていただけないでしょうか。

Would you be able to give me the exact dates and times of when the problem has occurred?

また事象の発生する前に行ったシステム構成の変更などで、本事象の要因となりそうなことはありますか?

Also, would you have any information about what caused the problem, based on any prior changes that were made to the system?

✻ prior 前の

起動しない端末を新しい端末と交換させていただきます。

We will replace your non-bootable device with a new one.

✻ non-bootable　起動しない（bootable 起動可能な）

アクセス拒否が発生する要因は、ユーザーアカウントに適切な権限がないためだと思われます。

Access may have been denied due to your user account not having the appropriate permissions.

御社のシステム管理者に適切な権限が付与されているかご確認ください。

Please check with your system administrator to make sure you have the appropriate privileges.

✻ administrator 管理者／privilege 権限

全クライアントの端末のうち、特定の1台のみ、社内ネットワークに接続できない事象が発生しました。

Out of all the client terminals, only one specific client could not connect to the corporate network.

アプリケーションをバージョンアップすることで、新機能を利用できます。

By upgrading the application, you will be able to use new functions.

重要な情報はクラウド環境にバックアップすることで、万が一紛失した場合でも復元できます。

Important information can be backed up to a cloud environment, and restored in case it is lost.

✻ restore　～を復元する

セキュリティとコンプライアンスに対する意識向上により、運用コストが増加しました。

Operational costs have risen due to increased attention to security and compliance.

✻ operational cost 運用コスト

開発環境では正常に動作していました。

It worked normally in the development environment.

✻ development environment 開発環境

運用環境で動作を検証したところ、正常に動作しませんでした。

It did not work properly when tested in the operational environment.

✻ operational environment 運用環境

環境の差異が要因と思われるため、運用環境でデバッグログを採取することで要因を調査します。

The difference in the environment seems to be the issue, so we will investigate the cause by collecting the debug logs from the operating environment.

今回の問題は製品不具合に該当します。

This issue is due to a product defect.

✻ defect 欠陥、不具合

現在リリースされている最新の更新プログラムを適用してください。

Please apply the latest update that has been released.

ウェブページが更新されていない理由は、ご利用のブラウザがキャッシュを参照しているためと思われます。

The reason the web page has not updated is believed to be that the browser you are using is referring to the cache.

ブラウザのキャッシュを削除したうえでブラウザを再起動し、再度ウェブページにアクセスしてください。

Please delete the browser cache, restart the browser, and try to access the web page again.

ログイン情報およびパスワードはご利用者様がご自身で安全に保持してください。

Login information and other passwords must be kept secure by the user.

サーバーは負荷分散されています。

The servers are load-balanced.

✻ load-balanced 負荷が分散された

ハードウェアの障害などで一部のサーバーが利用できない場合でも、ユーザーには影響はありません。

Users are not affected even if some servers are unavailable due to hardware failure.

システム構成ファイルが破損した場合には、システムの復元を行うか、最悪の場合はOSの再インストールが必要になります。

If the system configuration file is corrupted, you will need to restore the system or in the worst case, reinstall the OS.

✻ configuration 機器構成、設定／corrupt ～を破損させる（コンピューター）

証明書の有効期限を過ぎているため、認証に失敗しました。証明書を更新してください。

Authentication failed because the certificate has expired. Please renew your certificate.

✻ authentication 認証、立証、証明

利用可能なライセンス数を超えているため、ライセンスを追加でご購入いただく必要がございます。

Since the number of available licenses has been exceeded, additional licenses must be purchased.

✻ exceed　～を超える

システムのバージョンアップをするためには、5人月の予算が必要になります。

In order to update the system, we need a budget worth 5 person months.

✻ person month 人月

システムの導入時期が11月のため、10月中にはすべてのテスト工程を終えている必要があります。

Since the system will be introduced in November, all testing must be completed by the end of October.

脆弱性対策のためにセキュリティ更新プログラムをインストールする必要があり、サーバーを再起動します。

The server will be restarted in order to install security updates, which will address the vulnerabilities.

✻ address　～に対処する／vulnerability 脆弱性

サーバーの定期メンテナンスのため、今週金曜日の午後7時以降はサーバーを利用できません。

Due to scheduled server maintenance, the server will not be available after 7 pm this Friday.

毎月サーバーを定期メンテナンスする必要があるので、月初は利用できない期間が発生します。

Since it is necessary to conduct regular server maintenance on a monthly basis, there will be periods when the server cannot be used at the beginning of the month.

サーバーの監視サービスがアラートを上げたため、至急要因を調査する必要があります。

The server monitoring service has raised an alert, so it's necessary to investigate the cause immediately.

更新プログラムの適用後に問題が発生しました。

A problem occurred after the update was applied.

更新プログラムをアンインストールしたところ、問題が解消しました。

Uninstalling the update solved the problem.

新規サーバーの構築が完了したら、旧サーバーのデータをすべて新サーバーに移行する必要があります。

Once the new server has been built, all data from the old server needs to be migrated to the new server.

✻ migrate （ファイルなど）を移動させる

IT業界はまさに日進月歩の世界なので、日々最新技術を勉強することが重要です。

Since the IT industry is constantly evolving, it is important to study the latest technology every day.

事象の発生頻度はどのくらいでしょうか。

How often does this problem occur?

災害時には公式サイトへのアクセスが集中しました。

At the time of the disaster, there was a high volume of connections to the official site.

そのため、サーバーがビジー状態となり、公式サイトを閲覧できない状態になりました。

Because of this, the server was busy and the official site could not be accessed.

一部の人たちはツイッターやSNSを利用して情報を確認しました。

Some people checked information via Twitter and on other social media.

33

製造業エンジニア

MECHANICAL ENGINEERS

各業界の技術者が使う専門用語（英語）は、毎日のように使っていて既に馴染みがあると思います。むしろ専門用語がない会話のほうが難しいもの。ここではそういった表現を含め、広くエンジニアの方に役立つフレーズを集めました。

品質基準の見直しを行いたいので、会議を設定してください。

I'd like for us to go over the quality standards, so please arrange a meeting.

＊go over... ～を見直す、深く考える

顧客満足度に対する調査結果を報告します。

I'll report the results of the customer satisfaction survey.

設計構想会議に向けて資料を作成します。

I'll prepare the materials for our design concept meeting.

歩留まりの改善計画を立てましょう。

Let's set a plan to improve our yield.

＊yield 生産量、歩留まり

要求仕様を明確にしてください。

Please clarify the required specifications.

＊required specifications 要求仕様

生産性を改善して加工費を削減します。

We will improve productivity and reduce processing costs.

＊productivity 生産性／processing costs 加工費

今回のプロジェクトのレビューをしてください。

Please review the details of this project.

開発プロジェクトの定量的なゴールを定めましょう。
Let's set quantitative goals for this development project.
✻ quantitative 定量的な

量産に向けて本格的に検討を開始してください。
Please start giving serious consideration to implementing mass production.
✻ implement　～を実行する／mass production 大量生産

測定方法のマニュアルを作ります。
I'll make a manual of the measuring methods.

他社へ技術情報を流出させないようにしてください。
Please do not leak information about our technology to other companies.

特許侵害のリスクを排除しましょう。
Let's eliminate any patent infringement risks.
✻ eliminate　～を除外する、取り除く／patent infringement 特許侵害

図面の承認を行います。
I'll begin the approval process for the blueprint.
✻ blueprint 設計図

試作評価での問題の原因を究明してください。
Please look into the cause of the problem found during the prototype evaluation.
✻ prototype 試作品／evaluation 評価

この問題の発生頻度を説明してください。
Please explain how often this problem occurs.

机上だけでなく実際に行いましたか？
Did you actually test it out, or is this just a theory?

日程管理システムへの入力をお願いします。
Please make an entry in the schedule management system.

彼はこの分野の主幹技師です。

He's our chief engineer in this field.

差異化技術の開発を目指します。

We're aiming to develop technology that separates us from other companies.

あなたの専門分野は何でしょうか。

What is your field of expertise?

✻ expertise 専門知識

機構設計の技術者を募集します。

We will be recruiting engineers to design components.

✻ component 構成部品

ソフトウェアの問題ですか。それともハードウェアの問題ですか。

Is it a software or hardware issue?

今回の不良が起きたことに対して再発防止をお願いします。

Please make sure that you prevent a recurrence of this defect.

✻ recurrence 再発、再現

測定データの相関は取れていますか。

Were you able to get the correlational statistics from the measurement data?

✻ correlational 相関のある／statistic 統計値

認証機関へのサンプルの提出期日を教えてください。

Could you please tell me when the deadline is for submitting samples to the certification committee?

✻ certification 認証

回路図検討会を開催します。

We will hold a meeting to review the schematics.

✻ schematic 回路図面、概要図

部品の流用率を確認しましょう。

Let's check the diversion rate for the parts.

＊diversion 転換

部品の経時変化による問題が多発しています。

Problems related to parts degrading over time have been cropping up frequently.

＊degrade 悪化する／crop up 発生する、出現する

これは特殊な設備でないと測定できない項目です。

This item cannot be measured without special equipment.

接続性の検証を行います。

We will now run connectivity tests.

＊connectivity 接続性

お客様の家で出た問題が再現しません。

The problem which arose at the customer's house cannot be replicated.

＊replicate　～を複製する、再現する

今回の問題を受けて日程の見直しを行います。

In response to this issue, we will be reviewing the schedule.

＊review　～を見直す

このモジュールに関しては外販を検討します。

As for this module, we will consider selling it externally.

＊module モジュール

他社との協業によって新しい技術を生み出すことができます。

By collaborating with other companies, we can invent new technologies.

無線技術の有識者を集めてください。

Please enlist some wireless technology experts.

＊enlist　～に協力を得る、求める

データ解析の専任者が必要と考えられます。

I think that a dedicated data analysis specialist is required.

電源の小型化が今回の製品開発の鍵となります。

Miniaturizing the power supply is the key to this product's development.

✻ power supply 電源

設計プロセスの見直しが必要です。

The design process needs to be re-examined.

材料費のみでなく加工費も計算してください。

Please calculate not only the raw material costs, but also the processing costs.

工程不良率がこれ以上増えないよう対策を取りましょう。

We should take steps to ensure that the failure rate during the production process does not increase any further.

✻ take steps 対策を講じる

図面のみならず現物の確認をお願いします。

Please check the actual products, not just the blueprints.

これは測定誤差と考えられますか。

Do you think this is a measurement error?

彼らの技術戦略には見習うべき点が多くあります。

There are many things we can learn from their technical strategy.

デザイナーが提案する材料を使用すると、コストが合いません。

Using the designer's suggested materials will not be cost-effective.

✻ cost-effective 費用対効果の良い

部品メーカーにコストダウンの交渉をしてみます。

I'll try to negotiate with the parts manufacturer to get a lower price.

この代替部品で問題が発生しなければ、大幅なコストダウンが見込めます。

If no problems occur with this alternative part, we can expect some significant reductions in costs.

これ以上のコストカットは非常に難しいです。

Any further cost cutting will be extremely difficult.

耐久テストの結果は問題ありませんでした。

The results of the durability test showed no issues.

＊durability 耐久性、耐久力

取引先の工場の製品の不良率は低いようです。

Our vendor's factory seems to have a low rate of product defects.

恐れ入りますが、設計が遅れていますので生産開始日も少し遅れます。

I'm sorry, but due to the delay of the design process, the production start date will also be slightly delayed.

製造ラインで問題が発生したので、現地から詳細のレポートを取り寄せてください。

A problem occurred on the production line, so please instruct the site to send us a detailed report.

スケジュールに遅れが出ていますので、挽回する施策を提示してください。

There are some schedule delays, so please tell me what the recovery measures are.

＊measure 方策

営業部門が要求する納期には絶対に間に合いません。

We will definitely not be able to meet the Sales Department's requested delivery date.

しかし、営業が提示した納期に間に合わせないと、売り上げが激減してしまいます。

However, if we do not meet the delivery date requested by the Sales Department, sales will drop sharply.

ドイツでの展示会までに試作品を仕上げて送る予定です。

We plan to finalize and deliver the prototypes in time for the exhibition in Germany.

✻ in time for...　～に間に合うように

部品供給に問題なければ計画通りに生産に入れそうです。

If there are no problems procuring the parts, production will go ahead as planned.

✻ procure　～を得る

34

デザイナー

Track 35

DESIGNERS

デザインに対して指示や評価をする際には、抽象度の高い単語を使うケースと、より具体的な表現を求められるケースの両方があります。記載されたフレーズを参考に、どちらも言えるようにしましょう。

ターゲットユーザーは30代の女性です。

Our target demographic is women in their 30s.

＊demographic 特定の人口集団

コンセプトは「内なる強さ」です。

The concept is “inner strength.”

できるだけシンプルにまとめました。

We made it as simple as possible.

商品の機能に変更はありませんが、デザインだけ変更しています。

There’ve been no changes in the product’s functionality, only in design.

＊There’ve は There have の略。／functionality 機能性

10代の女性が好むようなカラフルな色使いをしています。

We’re using vivid colors which should appeal to teenage girls.

＊teenage は、厳密には「13 歳から 19 歳の」という意味だが、一般に「10 代の～」と言いたいときによく用いられる表現。

日本らしいデザインを考えてみました。

We came up with a design that represents Japan.

＊come up with... ～を思いつく

使い勝手は飛躍的に良くなっているはずです。

The usability of the product should have improved dramatically.

＊usability 使いやすさ

持ち歩きやすいように手のひらサイズにしました。

I made it small enough to fit in the palm of one's hand so it's easy to carry.

ちょうど缶コーヒーと同じくらいの大きさです。

It's about the same size as a coffee can.

この素材は何ですか？

What is this material?

この椅子のフォルムは秀逸ですね。

This chair has a great shape.

長さはどれぐらいですか？

How long is this?

この部分はガラスでできています。

This part is made of glass.

美しさとシンプルさがもっとほしいですね。

I'd like it to have more beauty and simplicity.

高価格帯の商品は、もうちょっと高級感のあるデザインのほうがよいのでは？

High-priced products need to have a more luxurious design, don't you think?

✻ luxurious 豪華な、贅沢な

思っていたデザインと違います。

The design is different from what I had in mind.

もう少しインパクトのあるデザインがほしいです。

I'd like a design which has more impact.

全体のバランスが大事です。

The overall balance is important.

ちょっと古いデザインに感じます。

This design seems a little outdated.

✻ outdated 時代遅れの

そんなありふれたデザインでは駄目です。

That design is too common.

✻ too... で「〜すぎる（ために良くない）」というネガティブな意味になることがある。

確かにきれいですけど、使い勝手が悪いですね。

It certainly looks beautiful, but it is not easy to use.

はっきり言って、このデザインは無しだと思います。

To be honest, this design doesn't make the cut.

✻ make the cut 目的に達する

デザインがコンセプトに合っていません。

The design doesn't match the concept.

日本語と英語のキャッチコピーに一貫性を持たせるのに苦労しています。

Making the English and Japanese slogans match is proving to be difficult.

✻ prove to be... 〜と判明する

ロゴをもっと目立たせてください。

Make the logo stand out more.

✻ stand out 目立つ

ペプシのロゴは補完色を使用した良いデザイン例です。

The Pepsi logo is a good example of complementary colors used in design.

✻ complementary color 補色

文字のバランスが悪いので、もうちょっと整えてください。

The text is unbalanced, so please make it neater.

文章のはみ出しをどうにかできないかな？　きれいじゃないですね。

Can we do something about the words sticking out from the text margins? It doesn't look good.

✻ stick out はみ出す／margin 余白

なんかごちゃごちゃしているデザインですね。

The design is cluttered.

＊cluttered 散らかった

余白を意識したデザインのほうがインパクトがあると思います。

I think that designs with an emphasis on negative space make a bigger impact.

＊negative space 余白

広告塔に使われる写真は高解像度である必要があります。

Photographs used for billboards need to have a high resolution.

＊billboard 広告用看板／resolution 解像度

この写真の解像度ではポスターには使えませんね。

We cannot use this picture for a poster at this resolution.

商品そのものをできるだけ小さく見えるようにデザインしました。

I designed it so that the product looks as small as possible.

＊so（that）S ＋ V　S（主語）が V（動詞）できるように

見た目で使い方がわかるデザインにしました。

I designed it to be self-explanatory.

＊self-explanatory 見ればわかる

とても洗練されたデザインですね。

It's a very sophisticated design.

ターゲットユーザーの好みに合っていると思います。

I think this will be to the target users' tastes.

機能的なデザインだと思います。

I think it is a very functional design.

もっと女性らしさを強調してほしいです。

I want more emphasis on femininity.

この赤とそちらの赤はちょっと色味が違いますね。

This shade of red and that shade of red are a little different.

この広告は誰をターゲットにしていますか？

What demographic is this being marketed to?

✻ market to... ～に売り込む

この広告では商品の特長が表現できていません。

This advertisement doesn't illustrate the product's features well.

✻ illustrate ～を示す

商品のイメージとウェブデザインは一貫性を持たせています。

The product and website share the same consistent design.

✻ consistent 一貫性のある

サイトを新しいデザインに切り替えてからユニークユーザー数が急増しました。

Since switching to the new design for the website, we have seen a big increase in unique users.

クリックしてもらいたいボタンはできるだけ目立たせています。

I made the CTA buttons as prominent as possible.

✻ CTA は Call To Action の略で、行動を喚起するもの。

クリックしたくなるデザインです。

This design makes me want to click on it.

スマホの画面で映えるようなデザインを心がけました。

I tried to make the design look good on a smartphone screen.

文字を極力少なくして、イラストで表現しています。

I did my best to reduce the number of words, and added illustrations to explain the concept.

以前のデザインと比べてだいぶスッキリしたと思いませんか？

Compared to the previous design, don't you think this looks more refined?

＊refined 洗練された

この写真は等間隔に並べてもらえますか？

Could you line up these photos evenly?

＊evenly 均等に

現在一般的に使われているアスペクト比は16：9です。昔は4：3のアスペクト比がデファクトスタンダードでした。

These days, an aspect ratio of 16:9 is commonly used. In the past, an aspect ratio of 4:3 was the de facto standard.

＊aspect ratio アスペクト比、縦横比／16:9 = 16 by 9, 4:3 = 4 by 3／de facto standard デファクトスタンダード（事実上の業界標準）

35

経理

Track 36

ACCOUNTING

経理に関する英語は営業部門をはじめ様々な部門とも関わってきます。また、ここに記載した表現はTOEICにも頻出しますので、単語を含めてしっかり押さえておきましょう。

出張経費は会社に戻った日に請求してください。

Please submit your travel expenses on the day you come back from your business trip.

海外出張時の経費の精算は処理日の為替レートを使用しても構いません。

When settling expenses from overseas business trips, you may submit amounts based on the exchange rate on the day of processing.

✻ settle expenses 経費を精算する

交通費は会社が全額負担です。

Travel expenses are fully covered by the company.

払い戻しをする前にすべての関係書類のコピーが必要です。

We need to have copies of all relevant documents before we're able to make a reimbursement.

✻ make a reimbursement 払い戻しをする

その接待費は会社の経費では落ちません。

I'm afraid that we cannot write that entertainment expense off as a company expense.

✻ write ... off　～を帳消しにする

この勘定科目は何になりますか？

What is the name for this account?

✻ account 勘定

入金伝票が見当たりません。

I can't seem to find the deposit slips.

✻ deposit slip 入金伝票

3月末の購買部における買掛金の明細を提出してください。

Please submit the Purchasing Department's details of accounts payable as of the end of March.

＊accounts payable 買掛金／as of... ～現在で

今月の売上高の前年比はどうなっていますか？

How do this month's sales compare to those for the same period last year?

＊compare to A　Aと比較して～だ

営業部の固定費が昨年比で15％増えています。

Fixed costs for the Sales Department have increased by 15% compared to last year.

営業利益は増えたのですが、特別損失が出たせいで経常利益は減っています。

Our operating profits increased, but ordinary profits decreased due to extraordinary losses.

＊operating profits 営業利益／ordinary profits 経常利益／extraordinary losses 特別損失

売り上げが上がったため、変動費もそれに伴って増えています。

As our sales have increased, so have our variable costs.

＊variable costs 変動費

仕入れのコストダウンにより、ある程度の利益率は確保できています。

Through cost reductions in procurement, profit margins have been secured to some extent.

＊procurement 調達／to some extent ある程度は

今月の支払い総額はいくらになりますか？

What is the total amount of the payment for this month?

本社単体では利益が出ていませんが、連結だと黒字となります。

The headquarters did not make any profits, but the company as a whole is profitable.

＊profitable 利益になる

今期はリストラにより大きな特別損失が出る予定です。

This current fiscal year, restructuring is expected to result in significant extraordinary losses.

決算期をまたいでの経費の精算は原則できません。

In principle, reimbursements of expenses across accounting periods cannot be made.

✻ accounting period 決算期

余った予算は翌期に繰り越しはしない方針です。

The surplus budget will not be carried over into the next term, as per our policy.

✻ surplus 余った／as per... ～により

この取引は会計上は費用計上できますが、税務上は損金扱いになりません。

Please note that this transaction can be filed as an expense for accounting purposes, but it will not be filed as a tax deductible.

✻ transaction 取引／file ～を申請する／tax deductible 課税控除

経費の削減によって一時的に利益を残すことはできます。

Reducing costs can result in temporary profits.

損益計算書は四半期ごとに提出しなければなりません。

We need to submit a profit and loss statement at the end of every quarter.

✻ profit and loss statement 損益計算書

月末までに貸借対照表を提出してください。

Please submit the balance sheet by the end of the month.

✻ balance sheet 貸借対照表

今日現在の売掛金残高は？

What is the current accounts receivable balance for today?

✻ accounts receivable 売掛金／balance 残高

今日現在の買掛金残高は？

What is the current accounts payable balance for today?

＊ accounts payable 買掛金

買掛金残高は一定の金額を超えないように。

Make sure that the balance for the accounts payable does not exceed a certain amount.

借方と貸方が合いません…。

The debtor and creditor do not match.

＊ debtor 借方／creditor 貸方

法人税率が有利な国に支店を出すべきだと思います。

I think we should open a branch in a country which has a favorable corporate tax rate.

＊ favorable 有利な

今月中に決算を締めます。

We will close financial statements by the end of this month.

経理のシステムが古いので、来期にはリニューアルする予定です。

The accounting system is outdated, so we're planning to upgrade it next term.

経理処理の簡略化は全社のパフォーマンス向上につながります。

Simplifying the accounting process will improve the performance of the entire company.

新しいシステムの導入前に各部署の担当にトレーニングをする必要があります。

Before introducing the new system, we will need to conduct training for the representatives of each department.

＊ conduct　～を実施する／representative 担当者、代表者

新システムは海外支店でも使用するので、英語バージョンも必要です。

The new system will be used at overseas branches as well, so an English version is also required.

経理情報はすべて社外秘扱いですので、取り扱いに注意してください。

All accounting information is confidential, so please be careful when handling it.

請求書と納品書は、仕入先ごとにファイルしておいてください。

Please file the supplier invoices and statements of delivery by company.

支払い条件については、当社の条件に合わせてもらうようにお伝えください。

With regard to terms of payment, please tell them to match ours.

契約条件の詳細を経理部まで送ってもらえますか？

Would you please send the details of the contract terms to the Accounting Department?

今からだと支払処理は早くても来週になります。

Any payments to be processed from now will be completed by next week at the earliest.

* at the earliest 早くても

20日で締めて、翌月末日に銀行振込で支払ってください。

Close on the 20th, and then pay the monthly expenditure via bank transfer at the end of the following month.

* monthly expenditure 月々の支出／bank transfer 銀行振込

すべての買掛金を支払いますので、十分な現金が必要です。

We will need to pay the whole accounts payable balance, so we need a sufficient amount of cash available.

* account payable 買掛金／balance 残高

相手先の銀行口座情報を至急送ってください。

Please send me their bank account information immediately.

この請求は前回の過払い分と相殺します。

This invoice is offset by your previous overpayment.

＊offset　～を相殺する／overpayment 過払い金

次の水曜日までにクレジットノート（貸方票）を発行します。

I'll issue the credit notes to you by next Wednesday.

＊credit notes 貸方票

我々の経理部宛にデビットノート（借方票）を発行してください。

Please issue debit notes to our Finance Department.

＊debit notes 借方票

明日までにご注文の請求書を発行します。

I'll issue an invoice for the order by tomorrow.

＊issue　～を発行する

まだ請求書が届いていないのですが。

We still haven't received an invoice yet.

支払いの総額が高額になった場合、役員の承認が必要です。

In the event of high totaling payments, the approval of an executive officer is required.

＊totaling 総計の

部門ごとの損益は、役員会で確認してもらいます。

Each division's profits and losses will be checked at the board of directors meeting.

＊profits and losses 損益／board of directors 役員

原則、3期連続赤字の部門は責任者を変更するか部門を縮小することになります。

In principle, a department that has been in the red for three consecutive terms will have to replace the representative or face downsizing.

＊be in the red 赤字である／consecutive 連続した

36

人事

Track 37

HUMAN RESOURCES

人事はトップの意思を全社に広めたり、採用活動においては会社のビジョンを伝えたりと、企業において大変重要な役割を担います。会社の方針は英語においても正確に過不足なく伝えられるようにしたいものです。

新入社員研修は1カ月を予定しています。

Training for new employees is projected to be one month.

✻ project　～を計画する

中途採用は行っていません。

We're not hiring mid-career recruits.

志望動機を教えてください。

Please tell me your reasons for applying to this company.

結果は追ってご連絡いたします。

We will let you know what decision has been made.

来年、研修制度を見直す予定です。

We plan to review the training system next year.

日本では多くの企業が新卒を大量に採用します。

In Japan, there are many companies that hire a large number of new graduates.

✻ new graduate 新卒者

中途入社の社員には即戦力を期待しています。

We're counting on immediate results from mid-career recruits.

✻ count on...　～を頼りにする、～に期待する

昨年、当社では希望退職者を100名募集しましたが、想定よりも多く集まりました。

Last year, our company called for 100 voluntary retirees but there were more than expected.

✻ call for... ～を募る／voluntary retiree 希望退職者

その影響で、いくつかの部署では人が足りていません。

As a result, there are not enough people in some departments.

希望退職者には退職金が上乗せされます。

Voluntary retirees will receive an increased severance package.

✻ severance package 退職金

産休や育休制度を利用する人が、以前に比べて増えてきました。

There are more people who take maternity and childcare leave than previously.

✻ maternity leave 産前産後休暇／childcare leave 育児休暇

基本的に昇給は年1回ですが、場合によってはそれ以上の昇給もあります。

Raises are generally given once a year, but possibly more often in some cases.

社内規定は毎年見直しをしています。

Internal regulations are re-evaluated every year.

✻ internal regulations 内規

基本的に、評価は人事部ではなく現場のマネージャーが行います。

Generally, evaluations are conducted by the on-site manager, rather than the HR Department.

✻ on-site 現場の／ HR Department 人事部

入社後はOJTを行います。

After joining the company, on-the-job training will be conducted for those employees.

社内公募制度で別の部署に異動することは可能です。

It's possible to transfer to another department via an internal application system.

当社ではマネージャーになるためにはTOEIC 650点が必要です。

At our company, in order to become a manager, a TOEIC score of 650 is required.

課長職以上は残業代が支給されません。

Managers and higher positions are not paid overtime.

離職率が高まってきているので、対策を打つべきだと思います。

As the turnover rate is increasing, I think that countermeasures should be taken.

✻turnover rate 離職率／countermeasure 対応策

昇給しても必ずしも社員満足度が上がるとは限りません。

Raising salaries does not necessarily increase employee satisfaction.

福利厚生が充実すると、採用活動では有利になります。

If we improve the work benefits, it would give us an advantage with recruiting.

✻仮定法の文法ルールに忠実に従うとif節の動詞は過去形（improved）になるはずだが、実際の会話ではif節の動詞を現在形（improve）のままにすることのほうが多く、こちらのほうが自然。／work benefits 福利厚生／give ... an advantage　～が有利になる

社員のメンタルヘルス向上のため、会社としてサポートできることを考えましょう。

Let's try to think about what kind of support the company can provide to improve employees' mental health.

当社の有給休暇取得率は、他社と比べて低いです。

The number of employees taking paid vacation days is less than at other companies.

✻paid vacation 有給休暇

あなたのパフォーマンスは評価していますが、勤務態度に関しては改善が必要だと思います。

I value your performance, but I think you need to improve your attitude in the office.

これから2カ月の間に勤務態度を改善できない場合は、厳しい処分を検討することになります。

If your attitude doesn't improve in the next two months, we will have to consider severe punishments.

自分のパフォーマンスで足りない部分はどこだと思っていますか?

What do you think you're lacking in your performance?

あなたが会社に期待していることは何でしょうか?

What do you expect from the company?

会社があなたに期待していることは何だと思いますか?

What do you think the company expects from you?

新しいルールを導入するとき、人事部が率先して行動しないとその制度は浸透しにくいと思います。

When introducing new rules, I think that the system will be hard to implement unless the Human Resources Department takes the initiative.

＊implement　～を実行する

彼は結果を出してはいますが、甚だしい不正行為により、解雇せざるを得ません。

He produces good results, but we're going to have to let him go due to gross misconduct.

＊let ... go　～を解雇する／misconduct 不正行為

才能のある人材を採用することも重要ですが、しっかりと後任を育成することも重要です。

While recruiting talented staff is important, it is just as important to carry out succession planning.

＊succession planning 後輩育成

彼女が辞表を出したので、退職者面接を設定しなければなりません。

She tendered her resignation, so we now need to organize her exit interview.

✻ tender　～を提出する／exit interview 退職者面接

彼は類いまれなスキルを持っていますが、管理職向きではありません。

He has a unique set of skills, but he's not a good fit for a managerial position.

✻ be a good fit for ...　～にぴったりである

360度評価についての意見は大きく分かれています。

Opinions of 360-degree feedback are polarizing.

✻ polarizing 意見が大きく分かれる

彼女にはこのポジションに必要なコアコンピタンスがないので、残念ながら昇進は見送りになります。

She doesn't have the core competencies for this position, so I'm afraid she will be passed over for promotion.

✻ core competencies コアコンピタンス（強み）

社員のパフォーマンスを評価して、本人にフィードバックする予定です。

We're planning to evaluate the employees' performance and provide them with feedback.

人事からフィードバックするよりも、直属の上司からフィードバックしたほうがいいですか？

Rather than the feedback be given from HR, would it be better for it to be given from their immediate boss?

✻ immediate 直属の

ルールではなく、文化を作らないと良い会社を創ることはできません。

Rather than rules, establishing a good work culture is vital to creating a good company.

✻ vital 極めて重要な

そのためにはトップの情熱と実践が必要です。

For that, the leaders need a lot of passion and practice.

面談だけで人を正しく評価するのは難しいです。

It's difficult to accurately evaluate someone via meetings only.

良い人が採用できるといいですね。

I hope we can recruit someone good.

来期から、マネージャーに対するリーダー研修を実施したいと思います。

Starting next term, I'd like to conduct leadership training for our managers.

日本国内だけでなく、海外のスタッフにも同じ研修を実施すべきだと思います。

I think the same training should not only be conducted in Japan but also for our overseas staff.

海外現地法人のスタッフと日本本社のスタッフの間には大きな考え方の違いがあります。

There's a big difference in thinking between the staff at the overseas subsidiaries and the staff at the headquarters in Japan.

＊subsidiary 子会社

日本独自の考え方を現地法人に展開するのは簡単ではありません。

It's not easy to apply the unique Japanese concept to our foreign subsidiaries.

今まで社外の講師で実施していた研修は内製化して、コストを削減します。

Training that has been conducted by external instructors until now will be conducted in-house in order to reduce costs.

＊in-house 社内の

採用コストを上げれば、より良い人材確保の可能性が上がります。

Increasing recruitment costs will potentially boost the chance of recruiting better talent.

＊boost　～を押し上げる

副業を認めることで、ある程度の人材の流出は防げると思います。

I think that allowing side jobs will prevent some loss of human resources.

新入社員には3年目の社員がメンターとしてサポートします。

New employees will be supported by third-year employees who will act as mentors.

海外赴任が決定した社員には、英語研修のサポートが必要です。

Employees who have been assigned overseas need support in the form of English language training.

＊assign　～を配属する／in the form of...　～の形で

社員のモチベーションを上げるためには、社員同士のコミュニケーションを促進する施策が必要です。

In order to increase employee motivation, we need to encourage communication between employees.

37

営業

Track 38

SALES

クライアントの希望や意図、潜在的ニーズを理解し、自社のサービスで解決を図るためにはスピーキングだけではなくリスニングも重要。交渉や調整能力も必要ですので、営業は高いレベルの英語スキルが求められます。

本日はお時間をいただき、誠にありがとうございます。

Thank you very much for your time today.

営業部マネージャーの柏原と申します。

I'm Manabu Kashiwabara, the manager of the Sales Department.

本日は当社の新しいサービスについてご説明したいと思います。

I'd like to explain our new services today.

御社の現状における課題をお聞かせいただけますか?

Could you tell us about any current problems you're facing?

✻ current 現在の

具体的な予算は決まっていらっしゃいますか?

Do you have a specific budget?

先日新製品のプレゼンをした顧客から見積もり依頼が来ました。

We received a request for a quote from a customer who had listened to our new product presentation the other day.

✻ quote 見積もり

他社との相見積もりになるので、初回の提示価格は戦略的に考える必要があります。

Our quote is in contention with other companies, so we need to think about what would be a strategic initial price.

✻ be in contention with... ～と争っている／ initial price 初回価格

御社からいただいたご要望は一度検討させてください。

Please allow us some time to think about your request.

この場では正式な回答はできません。

I cannot give you an official answer right now.

金額についてはこれ以上値引きができません。

I'm afraid that I cannot offer any further concessions.

✻concession 値引き

まとまった量をご注文いただけるのであれば、多少の値引きは可能です。

If you order in bulk, we may be able to offer a small concession.

✻in bulk 大量に

納期は変えられませんが、値段については多少下げられるかもしれません。

We cannot change the delivery date, but we may be able to lower the price slightly.

✻lower　～を低くする

現状では5%の値引きが精一杯です。

At this point in time, the best I can offer is a concession of 5%.

8%の値引きができればご注文をいただけるということですね？

So you're saying that you will place an order if we can offer an 8% discount?

いつまでに見積もりを提出すればよろしいでしょうか。

When should I submit the quote by?

正式な回答はいつ頃いただけますでしょうか。

When can I expect an official response?

詳細については後ほどメールでご連絡を差し上げます。

I'll email you with the details later.

そのご要望に関しましては、本社に確認を取る必要があります。

As for the request, we will need to confirm with the head office.

契約条件は以前と同じでよろしいですね？

We can set the same terms and conditions for the contract as before, correct?

＊terms and conditions 契約条件／..., correct? そうですよね？

当社の契約条件はお手元の資料に記載されています。

Our contract terms and conditions are laid out in the document in front of you.

＊lay out... ～を明確に述べる

他に不明な点などございますか。

Do you have any other concerns?

当社は年間の売上目標に対して、現在のところ少し下回っています。

With regard to our annual sales target, at present we're slightly below the mark.

＊sales target 売上目標 ／ below the mark 水準未満で

販売促進計画の見直しをするべきだと思います。

I think we should re-evaluate the sales promotion plans.

営業予算も増やす必要がありそうです。

It seems that the promotional budget also needs to be increased.

売上目標に達していない理由は何でしょうか。

Is there a reason we haven't met our sales goal?

新商品に対する顧客の反応はどうでしたか？

How was the customer response to the new product?

これがうまくいけば、他業種への横展開が期待できます。

If this goes according to plan, we can expect to see it expand into other industries.

＊according to plan 予定通りに

競合他社の新サービスの評判はどうですか？

What kind of reputation does our competitor's new service have?

代理店へのコミッションは大体いくらくらいですか。

Roughly how much commission does the agency take?

新規顧客向けビジネスにおいては、取引開始前に信用調査が必要です。

Contracts for new customers require a credit check before a transaction can commence.

＊credit check 信用調査

信用調査の結果、その顧客には代理店を通して販売することになりました。

Having conducted the credit check, it has been decided that we will be dealing with the customer through an agency.

プレゼンテーション自体は概ね好評だったと思います。

I think that the presentation itself was generally well-received.

＊well-received 歓迎された

商品のコンセプトはご理解いただけました。

I got them to understand the product's concept.

一部の部材の調達が間に合わないので、顧客に分納を打診しました。

Since we cannot procure some of the materials in time, we checked with the customer about deliveries in installments.

＊procure　～を得る／check with 人　（人）に相談する／in installments 分割払いで

限界納期に間に合わせるために、航空輸送を使用しました。

Air mail was used in order to meet the final delivery deadline.

✻ final delivery deadline 限界納期（必ず守らなければいけない納期のこと）

新規引き合いの数に対して、実際に受注につながった案件の数はどのくらいだと思いますか？

With regard to the number of new inquiries, how many of them do you think actually led to orders?

✻ inquiry 問い合わせ

今期の販売目標数は10万台です。

Our sales target for this term is 100,000 units.

利益率が低くても、固定費を稼ぐために必要な製品もあります。

Even if the profit margins are low, there are some products that are deemed necessary in order to cover our fixed costs.

✻ profit margin 利幅／deem　～と見なす

納入には受注後、1カ月ほどかかります。

Delivery takes around a month from when an order is received.

この価格では目標売上達成が困難なので、開発部門と戦略会議をしたいと思います。

At this price, it will be difficult to achieve our sales target. Therefore, I'd like to have a meeting to discuss strategies with the Development Department.

この製品の量産開始時期は2022年4月です。

Mass production of this product will begin in April of 2022.

納期に関しては技術部門の協力が必要です。

We need cooperation from the Technical Department to meet delivery dates.

各ディーラーのコメントは営業部門でまとめて、商品企画部に連絡する予定です。

The Sales Department will consolidate all of the comments from the dealers, and then report to the Product Planning Department.

✻ consolidate　～を整理統合する

デザインに関しては地域特性に合わせて修正してもらうようデザイン部門に依頼します。

I'll ask the Design Department to modify the design so that it matches the regional characteristics.

✻ modify　～を修正する

今期の売上見込みですと前年比10％増まで行けそうです。

Our estimates show that sales for this term look to increase by 10%, compared to the same period last year.

売上ベースでは目標を達成しそうですが、利益ベースだとまだ足りません。

In terms of sales, we should be able to meet our goal, but in terms of profit, we're not doing enough.

支店の売り上げは達成しても、グローバルで達成しないと意味がありません。

It's pointless to achieve the sales goal at a branch if you can't do it on a global scale.

本社と連携してグローバル戦略を考え直すべきだと思います。

I think we should work closely with the head office in reassessing our global strategy.

✻ reassess　～を再評価する

会議では各地域の成功事例を共有したいです。

At the meeting, I'd like to share information about successful cases from each region.

販売戦略は商品企画戦略と一緒に考えたほうがよいと思います。

I believe we should think about sales planning strategies and product planning strategies simultaneously.

✻ simultaneously 同時に

38

生産管理

Track 39

PRODUCTION MANAGEMENT

いくつか専門用語はあるものの、特化した内容のやり取りが多いので、フレーズを一通り覚えて応用すればある程度のやり取りは可能。生産管理はロジカルシンキングと問題解決能力で勝負です。

今月中に中期計画を立てる必要があります。

We need to make a mid-range plan by the end of this month.

＊ mid-range plan 中期計画

ポイントは製品導入計画を考慮することです。

The key point is to give consideration to our product launch plans.

＊ give consideration to... ～を考慮する

生産管理部門では新製品をシステムに登録しています。

One of our tasks in the Production Control Department is to register new models into the system.

私たちは生産進捗を確認し、関連部署へ報告します。

We monitor production progress and report it to related sections.

＊ monitor ～を監視する

それらの製品の設計日程は確認しましたか？

Did you check the design schedule for those models?

販売会社からはまだ注文を受けておりません。

We haven't received any orders from the distributor yet.

＊ distributor 販売会社

ですので、生産計画が立てられません。

Therefore, we can't make the production plan.

このオーダーは最低発注数量を満たしておりません。

This order doesn't meet the minimum order quantity.

一方で、新製品は予想外の販売好調で急に注文が増えています。

On the other hand, orders for our new products suddenly increased due to unexpectedly good sales.

＊due to... ～のため

このままだと、生産キャパシティーがタイトで生産を増やせませんね。

If this doesn't change, we will hit capacity and won't be able to increase production.

＊hit ～に達する

追加投資をして生産ラインを増やす必要があります。

We need to increase production lines by making additional investments.

＊make additional investments 追加投資する

問題が発覚したため、まだ量産に入れていません。

We haven't yet been able to start mass production due to problems we discovered.

＊mass production 大量生産

販売チームと展示用サンプルの台数を決めました。

We have decided on the quantity of display samples with the sales team.

＊decide on... ～を決める

在庫回転率を確認しましたか？

Have you confirmed the inventory turnover rate?

＊inventory 在庫／turnover rate 回転率

在庫が多くなってきました。

The inventory is piling up.

＊pile up 積み重なる

在庫を適正量に保つためには生産量を落とさなければなりません。

We should cut production quantity in order to keep a healthy inventory level.

＊healthy （ビジネスなどが）好調な

場合によっては、残業をして生産遅れを取り返そうと思います。

Depending on the situation, I think we should make up for any production delay by working overtime.

＊make up for... （遅れ）を取り戻す

そうしないと出荷が顧客の要求に間に合わない可能性があります。

Otherwise, there's a possibility that we won't be able to meet our customer's requested delivery date.

出荷判定会議の結果はどうでしたか？

What was the outcome of the product shipping meeting?

＊outcome 結果／shipping 出荷

問題ありませんでしたので、出荷のタイミングを確約できます。

There were no problems, so we can now commit to an ETD.

＊ETD（Estimated Time of Departure） 出荷予定日

7月より、新しい生産計画システムを入れる予定です。

We're going to implement a new production planning system effective July.

＊effective ～から有効な

低価格帯の製品は下請け会社に生産を移管することになりました。

It's been decided that we will transfer production of low-end models to subcontractors.

＊It's は It has の略。／low-end 低価格の／subcontractor 下請け会社

本社からコストダウンの可能性を検討するように連絡が来ています。

The headquarters asked us to look into the possibility of reducing costs.

＊look into... ～を検討する

明日、出荷を開始します。

We're going to start shipping tomorrow.

今から最終着荷地を変更するのは難しいです。

It's difficult to change the final shipping destination at this stage.

品質問題が発生したとの報告を受けています。

I received a report that there was an issue with quality control.

この製品は最新の環境基準を満たしていません。

This product doesn't meet the latest environmental standards.

残念ながら製品の改修が必要です。

Unfortunately, the products need to be reworked.

＊rework　～を（改良のために）修正する

すぐに生産を停止します。

We will stop the production line immediately.

設計変更通知は受け取っていますか？

Have you received the notice about the design change?

出荷停止の件は既に担当に連絡してあります。

I've already contacted the representative about the shipment suspension.

＊representative 代表者、担当者／suspension 停止

出荷停止はいつ頃解除できますか？

When do you think the shipment suspension will be lifted?

＊lift　（禁止令など）を解く

安全規格検査が通りました。

It passed the safety regulation test.

生産を再開しました。

We resumed production of the product.

＊resume　～を再開する

部品メーカーより、価格アップの要求が来ました。

We received a request for a price increase from our parts supplier.

部品メーカーが供給計画を守れませんでした。

One of our parts suppliers did not stick to their delivery schedule.

＊stick to...　～に従う

生産が遅れたのは設計の問題ではなく、部品供給の問題です。

Production is delayed due to a parts supply problem, not due to a design flaw.

＊flaw 欠陥、不具合

部品数の状況を確認してください。

Please confirm the quantities for each part.

通常、長納期の部品は先行発注します。

We usually place orders in advance for long lead time components.

修理用部品の注文を受けましたか？

Did we receive the order for the repair parts?

どのように余剰部品を消化しますか？

How should we make use of our excess supply?

＊make use of...　～を使用する、～を活用する

これは本当に至急のお願いです。

This is a really urgent request.

空輸して納期を間に合わせます。

We're going to ship by air to meet the delivery deadline.

もちろん通常は船で出荷しています。

Of course, we normally ship via sea.

この場合、誰が輸送費を負担しますか？

Who bears the freight cost in this case?

＊bear （費用）を持つ／freight cost 運送費

ときどき通関で問題が発生することは改善すべき点です。

There are issues during the customs clearance process at times, so that is something we need to improve.

＊customs clearance 通関手続き

営業から前倒しの出荷依頼が来ています。

We've got a request for advance shipment from the Sales Department.

できると思いますか？

Do you think we can do it?

マレーシアの責任者、伊藤さんに聞いてみましょう。

Let's ask Mr. Ito, the division head in Malaysia.

彼はとても有能で信頼できます。

He's really competent and trustworthy.

＊trustworthy 信頼できる

39

カフェ・レストランでの接客

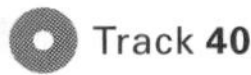

CAFÉ AND RESTAURANT HOSPITALITY

やり取り自体は定型的な説明や質問が多いので、こちらに出てくるフレーズを繰り返し練習しておけば大半はカバーできます。ただし、具体的な料理やサービスを説明する英語だけはご自身でご準備を。

何名様ですか？

How many are there in your party?

✻party　一行

こちらで召し上がりますか？ 持ち帰りですか？

Will that be for here or to go?

ご予約はいただいておりますでしょうか。

Do you have a reservation?

ただいま満席でございます。

I'm afraid that we're full at the moment.

ただいまの状況ですと、お食事をお出しするまで30分ほどかかります。

At this time, it will take about 30 minutes for your meal to arrive.

店内のお席か外のお席か、どちらになさいますか。

Would you like to sit inside or outside?

コートをお預かりしましょうか。

Would you like us to put your coat somewhere for you?

お席にご案内します。

Please follow me to your table.

どうぞおかけくださいませ。

Please have a seat.

ご注文の前にお席をお取りくださいませ。
Please find a seat before ordering.

ご注文はお決まりでしょうか。
Are you ready to order?

今日は何になさいますか。
What can I get for you today?

今日はいかがなさいますか。
How can I help you today?

本日のおすすめは、
Today's specials are...

他にご注文はございますか。
Is there anything else I can get for you?

お通しの小さな前菜を含めて、お1人様300円の席料を頂戴しております。
We have a cover charge of 300 yen per head, which includes this small appetizer.

✻ per head それぞれで

テーブルチャージとしてお1人様500円いただいております。
There's a table charge of 500 yen per head.

メインはお魚かお肉、どちらかをお選びいただけます。
For the main course, you have a choice of either meat or fish.

無料で大盛りにすることができますが、いかがいたしますか？
For no extra charge, would you like to have a larger serving?

✻ serving （食べ物、飲み物の）1人前

ご飯のおかわりは自由です。
There are unlimited seconds on rice.

✻ seconds おかわり

アレルギーや苦手な食材はございますか?
Do you have any food allergies or preferences?

飲み物はセルフサービスになっています。
Drinks are self-service.

ドリンクバーはあちらでご利用いただけます。
The soda fountains are available over there.
✻ soda fountains ファミリーレストランなどにある、数種類のソフトドリンクを出せる機械

大変お待たせいたしました。
Thank you for your patience.

(提供時に) 赤ワインをご注文のお客様。
Here's the red wine.

(食事に対して) いかがですか?
Is everything OK?

失礼いたしました。今すぐお持ちします。
I'm sorry about that. I'll bring that right away.
✻ right away すぐに

大変申し訳ございません。すぐに作り替えますのでお待ちください。
I'm very sorry, we'll prepare another one. Thank you for your patience.

よろしければ次のお飲み物のご注文をお伺いいたします。
Can I get you another drink?

ご注文のお品は以上でお揃いでしょうか。
Is that everything you ordered?

こちらお下げしてもよろしいですか?
May I clear your finished plates?

空いたお皿とグラスをお下げいたします。
Let me take away your finished plates and glasses.

お食事は10時半、ドリンクは11時ラストオーダーです。

Last orders for food will be at 10:30, and for drinks, 11.

デザートに何かお持ちいたしますか?

Would you like anything for dessert?

コーヒーとご一緒にクッキーやケーキはいかがですか?

Would you like a cookie or a slice of cake with your coffee?

コーヒーはどのサイズになさいますか。

What size coffee would you like?

お手洗いはあちらです。

The washroom is over there.

店内での喫煙はご遠慮いただいております。

Please understand that we're a non-smoking establishment.

✻ establishment 建物

喫煙所はあちらでございます。

The smoking area is over there.

別々でお会計なさいますか?

Would you like to split the bill?

✻ split　～を分ける

恐れ入りますが、お会計はご一緒にお願いします。

I'm sorry, but we do not split bills.

次回ご来店時にお使いいただけるクーポンでございます。

Here's a coupon for your next visit.

40

カスタマーサービス

Track 41

CUSTOMER SERVICE

様々な問い合わせ対応を想定してフレーズをまとめました。丁寧でわかりやすい説明が求められますので、焦らずゆっくりと話すようにしましょう。相手の名前を聞くときには念のためスペルまで聞くと確実です。

こちらマックス社の鈴木が承ります。

I, Haruka Suzuki at Max Company, will be handling your request.

✻ビジネスの場において英語で名乗る際はフルネームが通例。

お電話代わらせていただきました、大畑と申します。

My name is Akie Ohata, and I'll be handling your call from here on out.

私が責任者でございます。

I'm the person in charge.

大変お待たせいたしました。

I apologize for the wait.

どのようなことでお困りでしょうか?

What seems to be the problem?

どのようなご用件でしょうか?

How can I assist you?

お問い合わせ先が別部署となります。

I'm afraid that another department handles those types of inquiries.

✻inquiry 問い合わせ

かしこまりました!

Certainly!

大変恐れ入りますが、

I'm terribly sorry, but...

ご本人確認のために、ご住所と生年月日をお願いします。

For identification purposes, please provide us with your address and date of birth.

この度は、ご不便をおかけしてしまい、誠に申し訳ございませんでした。

We sincerely apologize for any inconvenience this may have caused.

確認後に折り返しいたします。

I'll check that for you and call you back.

上の者につなぎますので、少々お待ちくださいませ。

I'll connect you to my supervisor. One moment, please.

こちらからおかけ直しいたしますので、少々お待ちくださいませ。

We will give you a call back, so we would appreciate your patience.

スペルはO-N-E-U-Pでお間違いないでしょうか。

That was O-N-E-U-P, correct?

ご連絡先のお電話番号をいただいてもよろしいでしょうか。

May I have your telephone number, please?

詳細の確認ができ次第、改めてご連絡させていただきますので、ご都合のよろしいお時間を伺えますでしょうか。

We will contact you again once we have checked the details. When is a convenient time for you?

こちらでは対応いたしかねますので、担当部署までご連絡いただけますでしょうか。

I'm afraid we do not handle that. Could you kindly direct your inquiry to the appropriate department?

ご連絡先をお伝えいたします。メモのご準備はよろしいでしょうか。

I'll give you the contact information. Are you ready to write it down?

営業時間は午後9時までとなっておりますので、お早めに折り返しいただけると幸いです。

Since we close at 9 pm, please call back as soon as possible.

ご了承いただけますと幸いです。

I sincerely appreciate your understanding.

ご理解いただけますようお願い申し上げます。

We ask for your understanding in this matter.

✻ in this matter この件について

ご協力いただきましてありがとうございます。

Thank you very much for your cooperation.

エラー番号をお伺いできますか？

May I please have the error number?

お手元に商品はございますでしょうか。

Do you have the product on hand?

裏面に記載されている4ケタの番号をお読みいただけますでしょうか。

Please read out the four-digit number printed on the back.

✻ read out... ～を読み上げる／digit 桁

保証書はお持ちでしょうか？

Do you have the written warranty with you?

✻ written warranty 保証書

いつ頃ご購入されたものでしょうか。

When did you purchase this?

お客様のご注文状況を確認いたしますので、少々お待ちくださいませ。

One moment while I check the status of your order.

お客様のご登録情報の確認が取れませんでした。

I'm afraid we could not confirm your customer details.

いつからこのような現象が出ていますでしょうか。

How long have you been experiencing this?

過去にご連絡をいただいたことはございますでしょうか。

Have you ever contacted us before?

そういうご事情でしたか。

I understand where you're coming from.

私から担当の者に申し伝えます。

I'll pass that on to the person in charge.

✻ pass ... on to 人　～を（人）に伝える

確認したところ、石井という者は在籍しておりません。

Having checked, I can confirm that there's no one named Mr. Ishii who works here.

どの者でも対応できるようになっておりますので、ご安心くださいませ。

Rest assured, everyone here is capable of helping you with whatever you need.

✻ rest assured 安心する

ご入金確認後に発送いたします。

The item will be dispatched after we receive confirmation of payment.

✻ dispatch　～を発送する

お手数をおかけしますが、どうぞよろしくお願いいたします。

I apologize for the inconvenience.

✻ inconvenience 不便

今後同じことのないよう、社内教育を徹底いたします。

We will be conducting additional training for our staff to ensure that this does not happen again.

貴重なご意見をいただきまして、ありがとうございました。

Thank you very much for your valuable feedback.

ご不明な点がございましたら、お気軽にご連絡くださいませ。

Please contact us if you have any concerns.

住所変更のお手続きはお済みですか?

Have you finished updating your address details?

さようでございますか。

I understand.

差し支えなければ、解約の理由をお聞かせいただけますでしょうか。

If you don't mind me asking, what is the reason for you wanting to cancel your contract?

ご期待に沿えず、大変申し訳ありません。

I'm truly sorry we were unable to meet your request.

＊meet 人's request （人）の要望に応じる

お客様のカードは現在一時的に使えない状況となっております。

Your card has been temporarily frozen at this time.

カードの再発行が必要となりますので、お手続きの方法をご説明いたします。

Your card needs to be reissued, so I'll explain the process.

＊reissue ～を再発行する

資料を郵送いたしますので、しばらくお待ちくださいませ。

We will send you an information package by mail. We appreciate your patience while it is being delivered to you.

＊mail 郵便

石井が担当いたしました。お問い合わせいただきありがとうございました。

Once again, my name is Daiki Ishii. Thank you very much for contacting us.

41

医療

MEDICAL TREATMENT

こちらのチャプターは医療の現場で使う独特の表現が多いため、別のシチュエーションでは意味が通じないことがありますので注意してください。前半が医療従事者から患者へのフレーズ、後半は医療従事者同士のやり取りです。

/// 患者さんとの会話
Spoken by the medical staff to the patient

今日はどうされましたか？
What brings you in here today?

どの辺が痛みますか？
Where does it hurt?

10段階評価で、10を最もひどい痛みとして、今の痛みを何点ぐらいだと思いますか？
On a scale of 1 to 10, with 10 being the worst, how would you rate your pain?

どの体勢が一番楽ですか？
What is the most comfortable position for you?

何か心当たりはありますか？
Do you have any idea how this happened?

その痛みはいつからですか？
When did the pain start?

それは辛いですよね。
That's tough, isn't it?

普段お薬は飲んでいらっしゃいますか？　それはどんなものですか？
Are you on any medication? What kind?
✻ be on medication 薬物治療中である

持病はおありですか？
Do you have any pre-existing conditions?
✻ pre-existing 以前から存在する

かかりつけのお医者さんはいますか？
Do you have a primary care physician?

タオルでかなり強めに傷口を圧迫してください。
Use a towel to apply firm, direct pressure to the wound.
✻ apply 物 to... （物）を～に当てる／wound 傷口

今から処置をしますので、離れてください。
Please step back as I administer medical treatment.
✻ administer (medical) treatment 治療を行う

これまでに今回のようなことはありましたか？
Has anything like this happened before?

このお薬は食前に飲んでください。
Please take this medicine before meals.

副作用としては眠くなることがございますので、服用後は運転を控えてください。
This medication may cause drowsiness, so please don't drive after taking it.
✻ drowsiness 眠気

しばらくの間、経過を見ましょう。
Let's keep an eye on your condition for a while.
✻ keep an eye on... ～から目を離さない

だいぶ良くなってきましたね。
It's gotten much better.
✻ It's は It has の略。

食事と睡眠を十分に取って休んでください。
Please get some rest. Don't forget to eat regularly and get plenty of sleep.

マスクの着用をお願いします。

Please put on a mask.

素手で触らないでください。

Please don't touch it with your bare hands.

安全策を取って、今からこの静脈注射のお薬を始めましょう。

It's better to be safe than sorry, so let's start the IV medication now.

✻ IV (intravenous) medication　静脈内投薬

もう安心ですよ。

You are in good hands now.

✻ be in good hands 安泰だ、何もすることがない

うまくいくよう祈りましょう。

Let's keep our fingers crossed.

✻ keep one's fingers crossed 幸運を祈る

あなたのお父さんはもう峠を越えましたよ。

I think your father has now turned a corner.

✻ turn a corner 峠を越す

風邪はいくつかの種のウィルスによって起こる、良性の自然治癒する症候群です。

The common cold is a benign, self-limited syndrome caused by several strains of viruses.

✻ benign 良性の／self-limited 自然治癒性の／strain 菌株

診察では、肺炎を示唆する異常な呼吸音を認めました。

The physical exam revealed abnormal breathing sounds, suggestive of pneumonia.

✻ be suggestive of...　～を連想させる／pneumonia 肺炎

血液検査の結果は、体内の鉄分が不足していることを示しています。

These blood test findings show an iron deficiency in your body.

✻ findings　（調べてわかった）結果 ／deficiency 欠乏

ですので、鉄のサプリメントの投与を始めたいと思います。
So I'd like to start putting you on iron supplements.

水分のみから流動食に食上げしましょう。
Let's advance his diet from clear liquid to full liquid.
✻ diet 食事／full liquid (diet) 全流動食

/// 医療従事者同士のやり取り
Spoken among the medical staff

彼は健康診断に来ました。
He came in for a check-up.
✻ check-up 健康診断

循環器科に声をかけましたか?
Have you talked to cardiology?
✻ cardiology 循環器科

はい、循環器科はすでに診療に関わっていますよ。
Yes, cardiology is on board.
✻ be on board 一員となっている

外科にも一言声をかけておいてください。
Please also give surgery a heads-up.
✻ give 人 a heads-up (人)に前もって知らせる

昨日気管支鏡をやっておいたよ。
I "bronched" him yesterday.
✻ bronch とは、気管支鏡検査を行うこと。気管支を表す接頭語「bronch」を動詞形にした語。

山田先生、次の症例の手術に私も入ってもいいでしょうか?
Dr. Yamada, can I scrub in with you for the next case?
✻ scrub in 手術に加わる(手術前に手を洗うという意味から)

これは、彼の基礎疾患の自然経過です。
This is a natural progression of his underlying illness.
✻ natural progression 自然経過／underlying illness 基礎疾患

共通認識を持っているかどうか確認するため話をしましょう。

Let's talk to make sure that we're on the same page.

✻ be on the same page 同じ考えを持っている

この種のリンパ腫は予後不良です。

This type of lymphoma has a fairly poor prognosis.

✻ lymphoma リンパ腫／prognosis 病気の予後

この患者はさらなる治療をすべきですか?

Should we start additional medication for this patient?

そうですねえ、状況に応じて臨機応変に対応して、どうなるかまず経過を見ましょう。

Hmm, let's just play it by ear and see how it goes first.

✻ play it by ear 臨機応変に行動する

そうは言っても、化学療法を試す価値はあるでしょう。

With that being said, it is still worth trying chemotherapy.

✻ with that being said そうは言っても／chemotherapy 化学療法

どうやら化学療法を開始することをまだ決めかねているようですね。

It seems like you're still on the fence about starting chemotherapy.

✻ be on the fence about... ～について迷う

端的に述べると、結論としては治療法はありません。

Long story short, the bottom line is that there's no cure.

✻ long story short 要するに／ bottom line 要点／cure 治療法

バイタルサインを慎重に経過観察しておきます。

I'll keep a close eye on the patient's vital signs.

✻ vital sign バイタルサイン（生命兆候）

彼はまだ内科集中治療室に行く必要はないけれど、一応伝えておこうと思いまして。

He doesn't need to go to the MICU yet, but I just wanted to give you a heads-up.

＊MICU（Medical Intensive Care Unit）内科集中治療室／a heads-up 事前の注意喚起

血圧は安定しています。

His blood pressure is stable.

彼の症状は理論上はよく見えるが、実際はそうではありません。

His condition looks worse than it does on paper.

血液検査や画像は大したことがないのに、ひどい嘔吐が続いていて、経口摂取ができていません。

His labs and images are mostly benign, but he continues to have intractable vomiting and is not tolerating P.O.

＊labs 検査結果／benign 良性の／intractable 手に負えない／P.O.（per os） 経口投与

初診時なら手術ができましたが、もうだいぶ手遅れです。

We could have done the surgery when he first presented, but that ship has sailed long ago.

＊that ship has sailed 時すでに遅し

この患者さんは採血が難しいです。

This patient is a hard stick.

＊a hard stick （医）血管が見つけにくいため、採血が難しい人

この患者さんについて、少し知恵を借りてもいいですか？

Can I pick your brain for a second about this patient?

＊pick 人's brain （人）の知恵を借りる

私の患者については、やるべきことはすべてやりました。

I've tucked in all my patients.

＊tuck in... （医）（患者）に適切な処置をする：日常会話では、子どもを寝かしつける意味で使われることが多い。

私のときはあまり患者が多くありません。

I'm a "white cloud."

✻ white cloud （医）患者の少ない医者のこと。逆を black cloud と言う。

その患者さんを診ておいてくださいね。

Please eyeball the patient.

✻ eyeball （医）（患者の容態など）をしっかり見る

患者が逃げました。

My patient eloped.

✻ elope （医）（患者が）逃げる：日常会話では「心中する」という意味でよく使われる。

担当する入院患者がもう10人も入った。もうダメだ。

I've already got 10 admissions. I'm so swamped!

✻ admission 入院、入院患者／be swamped 身動きが取れない

あの患者さんには参りました。介護施設への転院待機のためだけにずっと入院しています。

That patient is just weighing us down. He's now just awaiting placement to SNF.

✻ weigh ... down ～を参らせる／placement 配置（すること）／SNF（Skilled Nursing Facility） 介護老人福祉施設

退院に向けて、書類の準備を全部終わらせよう。

Let's get all the paperwork teed up for her discharge.

✻ tee up 手配する／discharge 退院

昨晩の夜勤のドクターは皆新人だったので、婦長が取り仕切りました。

All of the doctors on call last night were new, so the head nurse ran the show.

✻ on call 待機して／run the show 采配を振るう

いま起こったことのおさらいをしておきましょうか？

Would you like me to brief you on what just occurred?

✻ brief ～に要点を伝える

そのマニュアルはいつでも使えるように準備しておくといいです。

It's good to have the manual in your back pocket for reference.

＊ in one's back pocket いつでも使える状態で／ for reference 参考に

今後も連絡を取りますね。

I'll touch base with you periodically.

42

金融

Track **44**

BANKING

金融と一口に言っても銀行や証券、保険など多岐に渡ります。このチャプターでは広義の金融という括りの中でグローバルな取引を中心にフレーズをまとめました。

金融庁に資料を提出してください。

Please submit the documents to the Financial Services Agency.

✻ Financial Services Agency 金融庁

金融庁のような規制当局の動向をどのように調査しているか教えてください。

Could you tell me how you study the trends of regulators such as the Financial Service Agency?

✻ regulators 規制者

その会社の財政状況は低迷したままでした。

The company's financial situation remained stagnant.

✻ stagnant 停滞した

株主が新役員を選出します。

The shareholders will select a new board member.

ラドフォード・ソリューションズ社とBIMソフトウェア社の合併が正式に取り消されます。

The merger between Radford Solutions and BIM Software is officially going to be called off.

✻ call off... ～を中止する、取り消す

彼は貯蓄用に銀行口座を開設しました。

He opened a bank account to put money away.

✻ put money away 貯金する

資金調達の多様化により、銀行の貸出残高は近年減少しています。

Due to diversification of funding, bank lending has been declining in recent years.

＊diversification 多様化／funding 資金調達

投資家たちはその会社の株価が値上がりし続けることを期待しました。

Investors expected that the company's stock prices would keep increasing.

最近の金融市場の動向についてお話しします。

I'll tell you about recent trends in the financial market.

SDGsが国連で採択されて以降、金融機関は投融資の際にはそれらを考慮に入れる必要があります。

Since SDGs were adopted by the UN, financial institutions need to take them into consideration when they plan to invest.

その企業は不祥事によって大きく企業価値を下げ続けています。

The company's enterprise value has been decreasing drastically due to the scandal.

＊enterprise value（EV） 企業価値

どの産業セクターの収益が一番大きいと思いますか？

Which industrial sectors do you think are the most lucrative?

＊lucrative 儲かる、利益の上がる、収益性が高い

世界経済により影響を与えかねない米国と中国の貿易戦争の行方に注目しています。

I'm paying attention to the trade war between the US and China, which may further impact the global economy.

＊pay attention to... ～に注意を向ける

日本銀行は金融緩和政策を継続すると発表しました。

The Bank of Japan announced that they will continue quantitative easing.

＊quantitative easing 量的金融緩和政策

若い世代はバブル景気が崩壊した後の不景気を知りません。

The younger generations don't know how deep the recession went right after the bubble economy burst.

投資委員会はどれくらいの頻度で開催されていますか?

How often does the Investment Committee hold meetings?

対象企業は念入りにデューディリジェンスしなければなりません。

We must conduct a deep due diligence of all target companies.

＊due diligence （買収検討企業の）資産やリスクの適正評価

そのベンチャーキャピタルは春に次の資金調達を開始するでしょう。

The venture capital company will most likely start their next fundraiser in the spring.

＊fundraiser 資金調達活動

予定の返済期日を経過しています。

The scheduled repayment date has elapsed.

＊elapse （時が）経過する

当社貸出金の回収不能が確実となりました。

It's become clear that our loans are irrecoverable.

＊It's は It has の略。／irrecoverable 回復できない、取り戻せない

そのニュースが出た後、買いポジションが減り、石油の価格は減少しました。

After the news came out, long positions fell and oil prices decreased.

＊long position 買いポジション

買いポジションが増えたことによって金の価格が増加しました。

Gold prices rose due to the increase in long positioning.

大豆の価格は、主に売りポジションの増加により低下しました。

The price of soybeans declined mainly due to an increase in short positioning.

✽ short positioning 売りポジション

11月の中国の鉄くずの輸入は、前月から6.3%増加しました。

China's imports of scrap metal in November rose by 6.3% from the previous month.

LMEの備蓄は、最近の基準に比べて高いままです。

LME stockpiles remain high compared to recent standards.

✽ LME（London Metal Exchange） ロンドン金属取引所／stockpile 備蓄

価格を計算の上、折り返しご連絡いたします。

I'll get back to you after calculating the prices.

多くの輸出業者は商品市況の変動に対してヘッジをし始めています。

Many exporters are starting to hedge against the fluctuation in commodity prices.

✽ fluctuation 変動／commodity price 物価

金曜日の東証株価指数（TOPIX）の終値は0.2%上昇となりました。

The TOPIX closed 0.2% higher on Friday.

12兆ドルの債券がマイナス金利で取引されていました。

Twelve trillion dollars of bonds were trading with negative yields.

✽ bond 債券／trade 売買される／yield 利回り

原油価格は15%程度急騰した。

Oil prices soared by almost 15%.

✽ soar 急騰する、上昇する

それは2017年以来最大の1日の値幅でした。

It was the biggest one-day move in the market since 2017.

金の価格が現地通貨建で史上最高値を記録しました。

Gold hit a record high in local currency terms.

日本企業と海外の企業の会計期間が違うことがときどき問題となります。

The different fiscal-year periods for Japanese companies and foreign companies sometimes cause issues.

＊ fiscal-year period 会計期間

外国企業の第一四半期は1月から3月ですが、日本の会計期間では4月から6月を意味します。

In most countries, the first quarter of the fiscal year runs from January to March but in Japan, it runs from April to June.

＊ fiscal year 会計年度

何が最近の世界の金融市場の成長を動かしているのですか？

What has driven the recent growth in the global financial market?

円高ドル安が進みました。

The Japanese yen rose against the US dollar.

株価はこの間のニュースに影響を受けそうです。

The stocks are likely to be affected by the recent news.

ローンを比較するときは、APRを確認することが大切です。

When comparing loans, it is important to check the Annual Percentage Rate.

＊ APR（Annual Percentage Rate） 年率

日本銀行は2016年にマイナス金利政策を導入しました。

The Bank of Japan introduced a negative interest rate policy in 2016.

＊ negative interest rate マイナス金利

世界金融危機が引き起こした金融市場の混乱を覚えていますか？

Do you remember the financial disruption caused by the Global Financial Crisis?

＊disruption 混乱、崩壊／Global Financial Crisis 世界金融危機

ESGの観点から、世界の金融機関は石炭火力発電向けの投融資を止めています。

From the perspective of ESG, some global financial institutions have stopped investment and lending related to coal-fired power generation.

＊ESG（Environment, Social, Governance） 環境、社会、ガバナンス／lending 融資／coal-fired power generation 石炭火力発電

株価の大きな下落により、その金融機関はあの会社に対する投資簿価を減損処理しなければなりませんでした。

The financial institution had to write off the investment cost of that company, because its stock price dropped dramatically.

＊write off... ～を損金処理する

会計基準が変更され、オペリースがオンバランスになりました。

Accounting standards were changed, and operating lease liability became on-balance.

＊operating lease オペレーティングリース／liability 負債／on-balance オンバランス

特定の金融機関からの借入金が増加しています。

Loans from particular financial institutions have increased.

その会社では、不動産評価額の評価洗い替えを原則年1回行っています。

At the company, revaluations of real estate valuations are, in principle, carried out once a year.

＊revaluation 再評価／in principle 原則として

43

航空

AIR TRAVEL

航空業界の現場および、社内でのやり取りを中心にフレーズをピックアップ。
業界で特に頻出する用語や表現をフレーズに盛り込んでいます。

/// お客様との会話
Spoken by the airline staff to the passenger

Track 45

あいにく本日は満席となっております。

I'm afraid that we're fully booked today.

エンジントラブルにより遅延しております。

The flight is delayed due to engine trouble.

台風のため、当便は欠航となります。

This flight will be canceled due to the typhoon.

本日欠航分の振替便は明日の午前9時となります。

The alternative flight for today's cancellation will be at 9 am tomorrow.

＊alternative 代わりの

フェニックスへの夜行便には、まだ空きがございます。

There are still some seats available on the red-eye to Phoenix.

＊red-eye （飛行機の）夜行便

今夜中の到着をご希望でしたら、経由便に空きがございます。

If you want to arrive by tonight, there's an indirect flight available.

ダラスで2時間の乗り継ぎ時間があります。

You will have a two-hour layover in Dallas.

＊layover （飛行機などの乗り継ぎの）待ち合わせ時間

次の便でお取りしますね。

Let me put you on the next flight.

このチケットは譲渡することができません。

This ticket is non-transferable.

✳ transferable 譲渡可能

この航空会社の航空券はウェブで購入できます。

Tickets for this airline can be purchased online.

チェックインして搭乗券を受け取っていただく必要があります。

You need to check in and get a boarding pass.

✳ boarding pass 搭乗券

隣同士のお席になるよう手配いたしますね。

We'll assign your seats to be next to each other.

✳ assign　～を割り当てる

恐れ入りますが、そちらのバッグは機内にお持ち込みできません。お預かり手荷物にいたしましょうか?

I'm sorry, but you cannot take that bag on the plane. Would you like to check that in?

✳ check ... in　（空港で）（手荷物）を預ける

申し訳ございませんが、お客様のお荷物は重量制限を超えております。

I'm sorry, but your checked baggage exceeds the weight limit.

✳ exceed　～を超える

予約番号はお手元にございますか?

Do you have your reservation number on hand?

✳ on hand 手元に

ご迷惑をおかけしました代わりに、席をビジネスシートにアップグレードさせていただきました。

To compensate for our mistake, we have upgraded your seat to business class.

✳ compensate for...　～に対して埋め合わせをする

マイルが貯まっていますので、会員制ラウンジをご利用いただけます。

With the frequent flyer miles you have accumulated, you are now eligible to use the members' lounge.

＊frequent flyer miles　（マイレージプログラムの）マイル数／accumulate　～を貯める／be eligible to do...　～する資格がある

手荷物用カートはこちらにご返却ください。

Please return your luggage carts here.

出発時刻の10分前までに51番搭乗口へお越しください。

Please come to Boarding Gate 51 by at least 10 minutes before the departure time.

搭乗券のご用意をお願いします。

Please have your boarding pass ready.

お客様の便は別のターミナルからの出発です。

Your flight will depart from a different terminal.

小さなお子様をお連れのお客様や、お手伝いが必要なお客様は搭乗口へお越しください。

Passengers with young children, or who require special assistance, please come to the front of the gate.

ジャック・ブラウン様に最終搭乗のご案内です。まもなくお客様の便は10番搭乗口を出発します。

Last call for Mr. Jack Brown, your flight will be leaving Gate 10.

この度はご搭乗いただきありがとうございます。

Thank you for flying with us today.

こちらのご家族が一緒に座れるように席を替わっていただけませんか？

Would you mind changing seats so this family can sit together?

すべての電子機器のWi-Fi接続機能をお切りください。

Please disable the Wi-Fi on all electronic devices.

＊disable　～を無効にする

この便は、機体整備のため出発が20分ほど遅れます。

This flight will be delayed by about 20 minutes due to maintenance of the aircraft.

大変長らくお待たせしております。滑走路が空くまで待機しております。

Thank you for your patience as we wait for the runway to be cleared.

＊runway 滑走路

この度は離陸時間が遅れておりますことを心よりお詫び申し上げます。

We apologize for this delay on the runway.

突然の揺れに備えて、着席中は常にシートベルトをお締めください。

Please fasten your seatbelt whenever you are seated in case we experience unexpected turbulence.

＊fasten　～を締める／turbulence 乱気流

機長がシートベルト着用サインを消すまでは、シートベルトを外さず着席のままお待ちください。

Please remain seated with your seatbelt securely fastened until the captain turns off the seatbelt sign.

＊remain　～のままでいる／turn off...　～を消す

本日の飛行高度は33,000フィートです。

We will be flying at an altitude of 33,000 feet today.

＊altitude 高度

テーブルを元の位置にお戻しください。

Please stow your tray table.

＊stow　～をしまい込む

お食事の間は、お座席を元の位置にお戻しくださいますようお願いいたします。

During the meal service, please return your seat to the upright position.

✻ upright 正しい、直立した

本日の機内食はこちらの2種類となります。

These are the two choices of in-flight meals today.

✻ in-flight meal 機内食

こちらは入国および税関調査に必要な用紙です。

Here are the required forms for Immigration and Customs.

✻ immigration 入国／customs 税関

この便は最終目的地のジョン・F・ケネディ空港に到着する前にシカゴ・オヘア国際空港を経由いたします。

This flight will make a stop at O'Hare International Airport before reaching its final destination of JFK.

機内誌は席前方の網ポケットにございます。

The entertainment guide is in the mesh pocket of the seat in front of you.

日本のアルコールの免税範囲はおよそ2リットルまでです。

The duty-free allowance for alcohol to be brought into Japan is approximately two liters.

✻ duty-free 免税の／allowance 許容額（量）

こちらの税関申告書にご記入ください。

Please fill out this customs declaration form.

✻ customs declaration form 税関申告書

当便の定刻出発時刻は午後4時30分です。

The STD of this flight is 4:30 pm.

✻ STD（scheduled time of departure） 定刻出発時刻

当便の到着見込時刻は午後4時30分です。
The ETA of this flight is 4:30 pm.
✻ ETA（estimated time of arrival） 到着見込時刻

成田空港周辺の混雑のため、この便の到着は遅れる見込みです。
The arrival of this flight is expected to be delayed due to traffic congestion around Narita Airport.
✻ congestion 混雑

成田空港が悪天候のため、この便は羽田空港に目的地を変更します。
This flight will be diverted to Haneda Airport due to bad weather at Narita Airport.
✻ divert ～を迂回させる、進路を変える

この便はただいま、羽田空港に向けて最終着陸態勢に入っております。
We're now in our final approach to Haneda Airport.

皆様、当機は羽田空港に着陸いたしました。
Ladies and gentlemen, we have landed at Haneda Airport.

遺失物取扱所はこの廊下をまっすぐ行ったところの右側にあります。
The lost and found is down that corridor, on your right.
✻ lost and found 遺失物取扱所

/// スタッフ同士のやり取り
Spoken among the airline staff

Track 46

150便のクルーブリーフィングを始めましょう。
Let's start the crew briefing for Flight 150.
✻ briefing 打ち合わせ

燃料補給にはどれぐらい時間がかかりますか？
How long will it take to refuel?
✻ refuel 燃料を補給する

前便の到着遅れのため、この便の機材は変更になります。

There will be a change of aircraft due to the late arrival of the previous flight.

ギャレーではコンテナを確実にロックしてください。

We must ensure that the containers are properly secured in the galley.

＊galley ギャレー（機内の調理室）

この便の予約は満席でしたが、そのうち3名はいらっしゃいませんでした。

We were fully booked for that flight but three passengers no-showed.

＊no-show 予約をして当日現れない（動詞）

この便には予約なしでいらしたお客様が何人かいらっしゃいます。

We have some passengers on this flight who didn't have a prior reservation.

たくさんのお客様がこの便の空席待ちをしています。

There are many people on the stand-by list for this flight.

＊stand-by 待機、空席待ち

当機はATCからの指示を受けて高度を変更しました。

The captain has changed our altitude following instructions from ATC.

＊ATC（Air Traffic Control） 航空交通管制

このエリアで空中待機をしながら天候の回復を待ちましょう。

We will keep a holding pattern in this area as we wait for the weather to improve.

＊holding pattern 待機状態（航空用語）

この空港はCIQを通過するのに時間がかかります。

It takes a long time to pass through CIQ at this airport.

＊CIQ（Customs, Immigration and Quarantine） 税関・出入国管理・検疫

44

ホテル

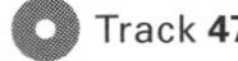

HOTELS

ますます外国人宿泊客が増えるホテル業界。海外からの宿泊客はすべて英語ネイティブとは限りません。ネイティブではない方で英語を話す場合もありますので、その場合はシンプルな英語を丁寧にゆっくりと。

ただいま空き状況を確認いたします。
I'll check our availability.

お部屋のご希望はございますか。
Do you have a room preference?

角部屋ですと、5階に1部屋空きがございます。
If you would like a corner room, we have one available on the fifth floor.

1泊1万円です。ご予約なさいますか？
The room rate is 10,000 yen per night. Would you like to make a booking?

ご希望でしたら、お連れ様と隣同士のお部屋をご案内いたします。
We can book other members of your party in an adjoining room if you'd like.
＊adjoining 隣の

申し訳ありませんが、満室です。
I'm afraid we're fully booked.
＊be fully booked すべて予約で埋まっている

キチネットつきのお部屋にギリギリでキャンセルが出たのでご案内できますが、いかがなさいますか？
There was a last-minute cancellation of a room with a kitchenette. Would you still like it?
＊last-minute ギリギリの

ご到着を心よりお待ち申し上げております。
We're looking forward to your arrival.

いらっしゃいませ。お待ちしておりました。
Welcome. Thank you for coming.

パスポートを拝見してもよろしいですか?
May I see your passport, please?

予約番号を教えていただけますか?
May I have your reservation number, please?

今回のお申し込みはこちらのサイトからでお間違いありませんか?
May I confirm that you registered on this website?

お部屋は11階の1101号室です。こちらがお部屋の鍵でございます。
Your room number is 1101 on the 11th floor. Here is your room key.

最高の景色をお楽しみいただけるお部屋をご用意いたしました。
We have booked you a room with an outstanding view.
＊ outstanding 傑出した

お荷物をお預かりいたします。
May I take your bags?

貴重品や壊れ物はございませんか?
Does this contain any valuables or breakables?
＊ valuable 貴重品／breakable 割れ物

お客様 貴重品は預かってもらえますか。
Can I leave my valuables at the desk?

ポーターがお荷物をお部屋までお運びいたします。
A porter will take your bags to your room.

お足元にお気をつけください。
Please watch your step.

ごゆっくりお過ごしください。

I hope you enjoy your stay.

朝食は7時から1階の洋食レストランにてご用意しております。

Breakfast is served from 7 at the bistro on the first floor.

シーツやタオルのお取り替えが必要なければ、 このカードをベッドの上に置いてください。

Please place this card on your bed if you do not need your bedding changed.

✻ bedding 寝具類

バスローブはお部屋にご用意してございます。

Bathrobes are provided in your room.

お部屋とロビーにて無料でWi-Fiをご利用いただけます。

Free Wi-Fi is provided in all of our rooms, as well as the lobby.

氷は各階エレベーター横にある製氷機からご利用いただけます。

An ice machine is located by the elevator on each floor.

露天風呂は現在改装工事中のためご利用いただけません。

I'm afraid that the outdoor hot spring is closed due to renovation.

館内での喫煙はご遠慮いただいております。

I'm afraid there's no smoking allowed within the premises.

✻ premises （建物を含めた）敷地

ご不便をおかけしまして大変申し訳ございません。

I sincerely apologize for the inconvenience.

モーニングコールの設定はお部屋にある説明書をご参考ください。

To request a wake-up call, please refer to the guest information book in your room.

ランドリーは24時間ご利用いただけます。

You are welcome to use the laundry facilities 24 hours a day.

ビデオオンデマンドのご利用には追加料金がかかります。

There are additional charges for the video-on-demand service.

何かございましたらフロントまでお気軽にお尋ねください。

Please feel free to ask the front desk staff if there's anything you need.

こちらが近隣の地図でございます。

Here's a map of the nearby area.

夜6時に折り畳み式のベッドをお持ちいたします。

We'll send a foldable bed to your room at 6 this evening.

お食事は夜7時にお部屋にお持ちします。

Your meal will be delivered to your room at 7 pm.

スマートフォンの充電器をお持ちしました。

Here is the smartphone charger you requested.

他にご要望はございますか。

Is there anything else that we can do for you?

かしこまりました。

Certainly, it would be my pleasure.

あいにく当ホテルではそういったサービスはご提供しておりません。

Unfortunately, that kind of service is unavailable at our hotel.

バスで行くのが一番簡単かと存じます。

Taking a bus would be the easiest way.

タクシーを手配いたします。
I'll call a taxi for you.

大変申し訳ございません。現在清掃中です。
I'm afraid it is currently being cleaned.

お部屋代は、税金とサービス料込で7万円でございます。
The room charge will come to 70,000 yen including all service charges and taxes.

こちらがお支払総額になります。
Here is the bill.

お支払い方法はいかがなさいますか。
How would you like to pay?

お支払いはすべて済んでおりますので、この他のお支払いはありません。
The room charge has been taken care of and there are no outstanding charges.
＊outstanding 未払いの

ぜひ、またお越しください。
Thank you. Please come again.

お気をつけてお帰りください。
Take care and have a safe journey home.

（スタッフに対して）本日の客室稼働率は98%です。
We're at 98% capacity.
＊capacity 収容力

45

物販

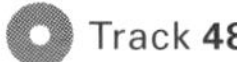

RETAIL

売り場の案内、サイズ違いの説明、在庫や取り寄せに関するフレーズなどをまとめました。英語で商品説明やご案内ができると売り上げ向上に直結します。ここで出てくるフレーズをしっかり覚えて接客に生かしましょう。

何かお探しですか?

Are you looking for something in particular?

✻ in particular 具体的には

バッグは3階で販売しております。

Bags are sold on the third floor.

食料品は地下1階で販売しております。

Groceries are sold in the level one basement.

ランニングシューズはこちらのコーナーにございます。

The running shoes are in this section.

子ども用品はあちらのコーナーに取り揃えております。

Children's products are available over in that section.

恐れ入りますが、そちらの商品は取り扱いがございません。

I'm afraid that we don't carry that product.

✻ carry ～を店に置く

少々お待ちいただけますか?

Would you mind waiting a moment?

どうぞお手に取ってご覧くださいませ。

Feel free to hold it up and check it out.

ご希望のサイズが見つからない場合はお気軽にお声がけください。

Feel free to let me know if you don't see your size.

こちらの商品はレッドとブルーのカラーバリエーションがございます。

This product comes in either red or blue.

＊come in... 〜の状態（色など）で手に入る

こちらは色々なファッションに合わせやすいですよ。

This goes well with a variety of different styles.

＊go well with... 〜と似合う

いま着けていらっしゃるネックレスとの相性も良いと思いますよ。

I think this matches the necklace you have on now.

＊match 〜と調和する

こちらは先週出たばかりの新商品です。

This is a new product which just came out last week.

＊come out 売り出される

シンプルなデザインなので長くお使いいただけます。

It has a simple design so it won't go out of style.

＊go out of style 流行遅れになる

こちらの商品は同じブランドから出ておりますので、サイズ感は同じです。

This product is made by the same brand, so the fit should be the same.

大変恐れ入りますが、そちらの商品は昨シーズンで販売が終了しております。

I'm very sorry, but that product was discontinued last season.

＊discontinue 〜を廃止する、〜の製造を中止する

あいにくSサイズの在庫が切れてしまっていますが、Mサイズはございます。

I'm afraid that we are out of stock in small, but we do have it in medium.

＊out of stock 在庫切れ

こちらのカラーは店舗限定色です。

This color is a store exclusive.

＊exclusive 限定的な

こちらはフリーサイズです。

This comes in only one size.

現在在庫がございませんが、お取り寄せも可能です。

We don't have it in stock at the moment, but we can order one for you.

✻ in stock 在庫あり

在庫があるか確認してまいります。

Let me check if we have any in stock.

あいにく在庫がなく、販売できるのは現品のみです。

I'm afraid that we are out of stock. The only one available for purchase is the one on display.

他の店の在庫も確認しましょうか。

Would you like me to check if our other stores have it in stock?

お取り置きしておきましょうか。

Would you like us to put that on hold for you?

✻ put ... on hold　～を取り置きする

ご試着なさいますか。

Would you like to try that on?

✻ try ... on　～を試着する

試着室はあちらでございます。

The fitting rooms are over there.

ただいま、試着室が混み合っております。ご迷惑をおかけして申し訳ございませんが、よろしくお願いいたします。

All of our fitting rooms are occupied at the moment. Thank you for your patience.

✻ occupy　～をふさぐ

大変お待たせいたしました。10番の試着室をご利用くださいませ。

I apologize for the wait. Fitting room number 10 is available now.

靴を脱いでお上がりください。

Please take off your shoes before entering the fitting room.

おすそ直しをご希望でしょうか。

Would you like these hemmed?

＊hem　～のすそ上げをする

ただいまですと40分後のお仕上げとなります。

We can have it ready for you in 40 minutes.

梅雨のシーズンですので、ご一緒に防水スプレーはいかがですか？

Since it's the rainy season, would you also like some waterproofing spray?

＊waterproofing 防水加工の

期間限定でお買い得商品を多数ご用意いたしております。

For a limited time only, we have a number of products at bargain prices.

＊for a limited time only 期間限定で

2点以上のおまとめ買いで10％オフになります。

We offer a 10% discount on purchases of two or more.

こちらの棚の商品はセール対象外です。

Products on this shelf are not part of the sale.

こちらの価格は税込のお値段となっております。

This price includes tax.

恐れ入りますが、こちらはセール品なので、返品・交換はいたしかねます。

This is a sale item, so I'm afraid it cannot be returned or exchanged.

本日は夜8時まで営業いたしております。

We're open until 8 tonight.

当店はまもなく閉店となります。どうぞレジにお進みください。

We're closing shortly, so please make your way to the register.

こちらのレジにどうぞ。

This register is open.

会員証かアプリのダウンロードのご用意はありますか？

Do you have a membership card or have you downloaded our app?

＊app アプリ（ケーション）

お支払いは現金とクレジットカードのどちらになさいますか？

Would you like to pay in cash or by credit card?

恐れ入りますが、お支払いは現金のみの取り扱いとなっております。

I'm afraid that we only accept cash payments.

クーポンはお持ちですか？

Do you have a coupon?

免税はご利用になりますか？

Would you like to apply for a tax exemption?

＊tax exemption 免税

17,890円のお買い上げでございます。ありがとうございます。

Your total comes to 17,890 yen. Thank you.

こちらの割引券は次回来店時にご利用いただけます。

This coupon can be used on your next visit.

プレゼント用ですか。

Is this a gift?

プレゼント用にお包みしますので、少々お待ちくださいませ。

One moment while I wrap this up for you.

袋を1つにまとめましょうか。

Would you like to have everything put together in one bag?

46

マーケティング

Track 49

MARKETING

マーケティング部署が担う業務は会社によって違ってきます。ここでは広義の「マーケティング」と捉え、販売企画部や宣伝広告関連部署、そして商品企画部の方々に役立つフレーズをまとめました。

私たちのマーケティング戦略をご提案させていただけることを嬉しく思っています。

We're thrilled to have the chance to present our marketing strategy.

このプロモーションで収益倍増を狙っています。

I'm aiming to double our revenue through this promotion.

＊double　～を倍増させる／revenue 収益

若い人たちをターゲットにする方法についてお伝えしたいと思います。

I'd like to talk to you about how we can target the youth market.

これらのマーケティング調査の結果についてご意見をいただけますか？

Can we have your input on these marketing research findings?

＊input （アイデア・意見などの）提供／findings （調べてわかった）結果

売り上げは維持していますが、利益率が落ちてきているのが課題です。

Our sales numbers are holding steady, but the problem is that our margins are dropping.

＊sales numbers 販売数／margin 利益

来年度の予算では、広告宣伝費が大幅にカットされます。

There will be a big cut in the budget for advertising next year.

＊budget 予算

この広告は費用対効果が悪いです。

This advertisement is not cost-effective.

＊cost-effective 費用対効果の良い

この広告キャンペーンにより、前年比30％増の売上を達成しました。

We generated 30% more sales compared to the previous year through this ad campaign.

成果報酬型の広告にすべきです。

We should start pay for performance advertising.

＊pay for performance 成果に基づく支払い

マーケティング予算についての最終決定はまだ行われていません。

The final decision on the marketing budget is still up in the air.

＊up in the air 未定の

まずはブレストしましょう。

Let's start by brainstorming.

この施策のメリットとデメリットを洗い出しましょう。

Let's examine the pros and cons of this approach.

＊pros and cons 良い点と悪い点

ユーザーを分析すると、30代が最も満足しているという結果が出ています。

If we analyze our user base, we can see that people in their 30s are the most satisfied.

＊in one's 30s　30代の

各地の販売実績データを確認すると、今のところ順調です。

According to each region's sales performance data, everything is going well so far.

＊so far ここまで、今のところ

地域別で見ると欧州以外の地域は売り上げが微増しています。

If we look at the data by region, sales outside Europe have increased slightly.

アメリカにおけるシェアは急落しています。

Shares in the US are plummeting.

＊plummet　（人気・物価などが）急落する

中南米ではブランドイメージが高く、高価格帯の商品が売れています。

In Latin America, a brand's image is highly valued, so high-priced goods sell well.

欧州では競合他社が強く、当社のブランド認知度が低いです。

In Europe, we have strong competitors so we don't have much brand recognition.

広告でブランドイメージを上げるのには限界があります。

There's a limit to how much we can boost our brand image via advertisements.

＊boost　～を押し上げる

画期的な商品やサービスこそがブランドイメージの向上に役立ちます。

Innovative products and services are what help improve our brand image.

＊innovative 革新的な

ホームページへの訪問者数を維持するためにウェブサイトを更新する必要があります。

We need to update our website to retain visitors.

＊retain　～を維持する、保持する

直帰率が高すぎます。

Our bounce rate is far too high.

＊bounce rate 直帰率／far too ＋形容詞　あまりにも（形容詞）だ

市場規模は拡大しています。

The market is expanding.

マーケットサイズは人口だけでなく、人口動態と平均年齢を考慮して判断したほうがよいと思います。

Market size should not only be evaluated by population, but also by demographics and average age.

✻ demographic 特定の人口集団

新しいユーザー層を獲得しないと、シェアを伸ばすことは難しいでしょう。

Unless we acquire customers from a new demographic, increasing our share will be difficult.

世界の市場の中でも日本の市場は特殊です。

Among the world markets, the Japanese market is distinctive.

✻ distinctive 特色のある、独特の

国内での販売戦略を海外展開するのは現実的ではありません。

Trying to implement the domestic sales strategy overseas is not realistic.

✻ implement　～を実行する

カラーバリエーションは国によって変えています。

We offer different color options, depending on the country.

アメリカでは赤や黒が売れていますが、日本や韓国ではパステルカラーが売れています。

In the US, red and black sell well, but in Japan and Korea, pastel colors do.

トップシェアを取るために、低価格帯の商品を拡充します。

In order to achieve the top share, we will expand our low-priced product line.

利益率を確保するために、付加価値をつけて値上げすることを検討しています。

To secure profit margins, we are thinking about adding more value and then raising the price.

✻ profit margin 利幅

値引き対応だけでは良いマーケティング戦略とは言えません。

Only offering discounts is not considered to be a good marketing strategy.

当社の製品のターゲットユーザーは高所得者層です。

Our product's target demographic is high-income earners.

期間限定商品を作って販促することで、多くのユーザーにアピールできます。

By creating and promoting seasonal products, we can appeal to a wider audience.

異業種とのコラボレーションで話題を作り、商品の認知度を上げます。

We will generate interest by collaborating with other industries, which will increase product recognition.

この販売予算はちょっと厳しいですね。

This sales budget is a bit tight for us.

当社はお客様の期待を超える良いサービスを提供することをお約束します。

We're committed to providing exceptional service beyond our customers' expectations.

＊ be committed to... ～を約束する

当社は業界で最高の顧客体験を提供することをお約束します。

We're committed to providing the best customer experience in the industry.

来月には新しい広告キャンペーンを開始します。

We will launch a new advertising campaign next month.

顧客満足度を最大化するにはどうすればよいでしょうか。

How do we maximize customer satisfaction?

上半期は前年対比で8%売上が向上しています。
Sales have increased by 8% in the first half of the year, compared to the same period last year.
＊first half of the year 上半期

プロモーションによって見込み客を多数獲得できました。
We have successfully generated a lot of leads through the promotion.
＊generate （結果、感情など）を生む、招く／leads 新規見込み客

御社の製品の売りは何でしょうか？
What is the selling point of your product?
＊selling point セールスポイント、強み

御社の製品の市場での位置づけをもう少し説明してもらえますか。
Can you tell me a bit more how you would position your product in the market?

すべての主要ステークホルダーと踏み込んだ議論をする必要があります。
We need to have a deep dive session with all key stakeholders.

営業支援システムの導入で売り上げが向上しました。
Our sales improved with the SFA implementation.
＊SFA（Sales Force Automation） 営業支援システム／implementation 履行、実行、実施

顧客満足に力を入れつつ、新しい戦略を実行します。
We will execute new strategies while focusing on customer satisfaction.
＊execute ～を遂行する

このまま好調な販売を維持できれば、目標は1カ月前倒しで達成します。
If we can maintain these good sales figures, we will reach our goal one month ahead of schedule.
＊ahead of schedule 予定より早く

次回の展示会までにすべての商品サンプルを用意します。
By the next exhibition, we will have all the product samples ready.

マーケティングマネージャーとして、チームメンバーと共に結果を出したいです。

As the marketing manager, I want to work together with my team members to produce good results.

仕事で使いたい カッコいいフレーズ

Smart Phrases That You Want to Use at Work

こなれた表現やキレのあるワンランク上の表現です。いつも簡単な表現ばかり使ってしまう方は必読。ネイティブにも感心されるような一言を言ってみたいという方におススメのフレーズです。

47

できるボス

Track 50

AS A COMPETENT BOSS

日本語だったらビシッと言えるところが英語だとなかなか言えないというのは、多くの方が悩むポイントです。ここでは英語でも切れ味のあるフレーズをまとめました。ぜひこれらのフレーズでネイティブをシビレさせてください。

まずは全体像を把握しなさい。

First, look at the big picture.

何かをする前に、必ず目的を確認するべきだ。

The goal must be identified before taking action.

＊take action 行動を起こす

目的が何かが大事だよ。

Identifying the goal is important.

方法は目的と状況に照らして選ばなければならない。

Select the method based on the situation and objective.

まず君の意見を聞きたい。

First of all, I'd like to hear your opinion.

君がこの仕事を通して実現したいことは何かな。

What do you want to achieve through this work?

とにかくやってみよう。

Let's just try it out.

何かあれば私が責任を取ります。できるところまでやってみなさい。

If anything happens I'll take responsibility, so please do what you can.

走りながら考えよう。

Let's think about it as we go along.

＊go along 事を進める

今やっていることは必ず君の将来の財産になるだろう。

What you are doing now will benefit you in the long run.

＊in the long run 長期的に見れば

君たちのような部下に囲まれて私は幸せです。

I'm happy to have subordinates like you all.

部下が成長する失敗は良いが、成長しない失敗はさせてはならない。

It's OK for subordinates to make mistakes that they can learn from, but don't let them make mistakes they will learn nothing from.

悪い結果が出る前に悪い兆しを見つけるのが重要です。

It's important to pick up on any red flags before something bad happens.

＊red flag （危険、警戒としての）赤旗

仕事はまず30％の時点で、一度上司に見せて確認しなさい。

Check in with your supervisor once you're 30% done.

＊check in with 人 （人）に報告・相談する

上司との認識のずれは早めにすり合わせることが大切です。

It's important to iron out discrepancies with your superior as soon as possible.

＊iron out ～を解決する／discrepancy 不一致

問題を解決する能力も重要ですが、問題を発見する能力のほうが重要です。

The ability to solve problems is important, but the ability to identify problems is more important.

この経験は必ず次に生かしなさい。

Make use of this experience.

ピンチはチャンスと捉えなさい。

A crisis can be seen as an opportunity.

トライアンドエラーを繰り返しながら理想の状態を実現しましょう。

Achieve your ideal through trial and error.

原因は必ずあるはずだ。

There must be a reason.

正解がないからこそ、我々は考えなければならない。

It's because there's no right answer that we must give it more thought.

考えるだけでは駄目。考え抜きなさい。

Don't just think about it. Think it through.

＊think ... through　～についてとことん考える

納期に間に合わなければ、どんなに内容が良くてもゼロ点となります。

No matter how good the work is, it holds no value if the deadline is not met.

仕事ができる人間は、問題を人のせいにしない。

Competent people don't shift the blame onto others.

＊competent 有能な／shift the blame onto...　責任を～になすりつける

できる人はどんな環境でも結果を出し続けるものだよ。

Competent people can consistently produce results, no matter what the circumstances are.

どんなに資料を作っても、伝わらなければ意味がない。

No matter how much time is spent making materials, it's irrelevant if the message cannot be conveyed.

＊irrelevant 無意味な

チームワークの良さは業績に直結する。

Good teamwork is directly linked to good business.

それはあなた1人のためであって、私たち全員のためにはなっていない。

That only benefits you, not the rest of us.

無理、無駄、ムラをなくせ。

Get rid of the impossible, impractical and imperfect.

困難は可能。不可能は不可能と割り切れ。

Impossible is impossible, but difficult is possible.

君は会社に何を期待していますか？
What do you expect from this company?

会社は君に何を期待していると思いますか？
What do you think the company expects from you?

COFFEE BREAK

ユーモアについて

ユーモアは仕事においても潤滑油として機能すると実感します。ネイティブの言うジョークは私たち日本人にとって理解しにくいものがありますが、いつでもユーモアと遊び心は忘れずに仕事をしたいものです。

p.250–で掲載しているビジネスユーモアはネイティブスピーカーが厳選したもので、主にワンフレーズでクスッと笑ってしまうようなフレーズです。中には日本人からすると理解に苦しむものもありますが、ネイティブからすると面白いそうです。ユーモアや笑いはフレーズそのものよりも、関係性と文脈、そしてタイミングによりますのでうまくやってください。また、p.254–の「ツッコミを入れる」のフレーズも併せて覚えておくと、相手のジョークに対して突っ込むことができるのでご活用ください。

個人的な感覚ではありますが、イギリス人のジョークは比較的シニカルな（皮肉っぽい）ものが多い感じがします。また、ご紹介したSee you later, alligator. In a while, crocodile.のように韻を踏むと、ネイティブスピーカーは面白いと感じるようです。日本語で言うところのダジャレですね。以前、日本語を勉強中のニュージーランド人の女の子の前でお菓子を食べていたとき、「チョコどこ？」と聞いたら爆笑されたことがあります（何が面白いんだか、とは思いましたが…）。

ちなみに、面白いジョークを言われたときはただ笑うだけではなく、“That's a good one!”と言うと「ウケる！」というニュアンスを伝えることができますよ。

48

格言

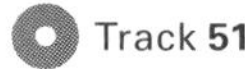

SAYINGS AND PROVERBS

状況によっては、長い説明をするよりも格言を使ったほうが簡潔に伝わります。知性あふれる説得力のある言葉でワンランク上のコミュニケーションができるようにしましょう。

初志貫徹しよう。

Stick to your guns.

✻ stick to... 〜から離れない、〜をやり通す

決断しないことは、間違った行動よりもたちが悪い。

Indecision is worse than the wrong action.

緊急時は、家庭を優先しなさい。

In an emergency, choose family over work.

仕事は代わりがいるけど、家族にとってあなたの代わりは他にいないんだから。

Someone can take over your tasks at work, but no one can take over for you at home.

✻ take over... 〜を代わって引き受ける

これができれば一石二鳥だね！

If we can do this, we can kill two birds with one stone.

急がば回れだよ。

More haste, less speed.

✻ haste 急ぐこと

できることから始めるのではなく、正しいことから始めなさい。

Don't start with what you can do. Start with the right thing to do.

案ずるより産むが易し。

It's easier to do something than worry about it.

考えるな、感じろ！
Don't think. Feel.

灯台下暗しです。
It's hard to see what is right under your nose.

物事は本質をはずすと、例外なく破綻する。
Things that lose their essence fail without exception.

組織は目的ではなく手段である。
An organization is not an end, but a means.

個人はバランスが取れている必要はないが、チームはバランスが取れているべきだ。
Although individuals don't need to be well-rounded, teams should be.
✻ well-rounded 均整の取れた

人は見た目が９割。
Appearances count for 90%.
✻ count for… ～に値する

当たり前を疑え。
Question the obvious.

二度あることは三度ある。
What happens twice can happen a third time.

三度目の正直。
Third time's the charm.

百害あって一利なし。
All pain, no gain.

たかが英語！
It's only English!

それは問題ではないが、問題でなくもない。

It's not a big problem, but a problem nonetheless.

✻ nonetheless とはいえ

勝って兜の緒を締めよ。

Don't rest on your laurels.

✻ rest on one's laurels 現在の栄光に満足する

置かれた場所で咲きなさい。

Thrive wherever you are.

✻ thrive 成長する、成功する

判断力の差は情報量の差です。

Decisiveness improves with the amount of information gained.

日進月歩だね。

Constant, rapid progress is being made.

終わり良ければすべて良し。

The ends justify the means.

最強の戦略は努力を娯楽化することである。

The best game plan is to make each endeavor a fun pursuit.

✻ endeavor 努力／pursuit （習慣的に行う）趣味

競合優位性がないのなら、戦ってはいけない。

If you don't have a competitive advantage, don't compete.

コミュニケーションで重要なことは、相手に語られていないことを聞くことだ。

The most important thing in communication is to hear what isn't being said.

未来を予想する最良の方法は、未来を創ることだ。

The best way to predict the future is to create it.

49

たとえ話

Track 52

USING METAPHORS

英語上級者は抽象的なことやたとえ話をうまく話すことができます。このチャプターのフレーズを参考にして、わかりやすい説明ができるようにしましょう。

自分がそう言われたらどう返す？

If it were said to you, how would you reply?

＊仮定法なので本来は If it were said の were が文法的に正しい使い方だが、近年では was も頻繁に使われる。

ビジネスでは1＋1は2ではなく、3とか4になることがある。

Sometimes in business, things can be greater than the sum of their parts.

＊sum 合計

1を2にすることよりも、0から1を創り出すほうが難しい。

It's more difficult to create something out of nothing, than to improve on something that's already there.

彼は一を聞いて十を知ることができる人です。

He's someone that can learn a lot from a single piece of information.

ゲームみたいなものです。

It's like a game.

ゲームをするように仕事をしよう。

Make a game out of your tasks at work.

レッドオーシャンのマーケットから抜け出すために、ブルーオーシャンを狙いましょう。

We need to target the blue ocean market in order to escape from this red ocean market.

この組織では、大きなクジラではなく小魚の群れになることを目指します。

We aim to become a collective, rather than a single entity.

✻ collective 共同体／entity 存在

あの会社は業界のガリバーです。

That company is a behemoth of the industry.

✻ behemoth 巨大企業

残念ながらあの会社はもはや沈みゆく船だと思う。

Unfortunately, that company is a sinking ship.

このチームは家族のようなものです。

This team is like a family.

新卒の新人にとって、最初の上司は親のようなものであり、兄／姉のようでもあります。

For new-graduate employees, their first boss is like a parental figure as well as an older sibling.

次のクリスマス商戦が天王山です。

The next Christmas sales season will be a decisive battle.

ジョンソンさんはこの会社の生き字引だ。

Mr. Johnson is our company's walking encyclopedia.

彼女は光速の必殺仕事人です。

She's a lightning-fast worker.

✻ lightning-fast 電光石火の

仕事の鬼！

You are really unrelenting!

✻ unrelenting 容赦しない

彼は前の部署では鬼軍曹と言われていました。

He was referred to as the Demonic Sergeant in his previous department.

✻ demonic 悪魔のような／sergeant 軍曹

前回のプレゼンは質問の嵐で死にました…。

I was engulfed by a storm of questions in the last presentation.

✻ be engulfed by... ～に飲み込まれる

その方法が無駄だということは、火を見るよりも明らかです。

The fact that the method is useless is clear as day.

✻ clear as day 極めて明白で

問題が芋づる式に出てきました。

Numerous issues were uncovered one after another.

✻ uncover ～を明らかにする

サッカーと同じで、会社のチームメンバーにはそれぞれの役割がある。

Just like in soccer, each team member at a company has a role.

ディフェンダーは得点を上げないが、それでもチームに貢献できる。

Although defenders don't score goals, they still contribute to the team.

今の任務を全うすることがチームの貢献につながる。

Completing the task at hand will add to the team's success.

泳げるようになってからプールに行くヤツはいない。

No one learns how to swim before jumping in the water.

彼は希望の部署に入って、水を得た魚(うお)のように元気に働いています。

He has been happier than a fish in water after getting the chance to work in his chosen department.

勝利の女神には前髪しかない。すぐにつかまないと後ろ髪はつかめない。

Try to catch lady luck when she comes by. If you don't, you'll miss your chance.

✻ lady luck 幸運の女神

チャンスはいつも最終列車に乗ってやってくる。ホームで待っていても二度とチャンスは来ない。

A once-in-a-lifetime chance is like waiting for the last train. Once you miss it, it won't come again.

✻ once-in-a-lifetime またとない

仕事と思うな。人生と思え。

Don't think of it as work. Think of it as life.

営業は現在、蜂の巣をつついたような大騒ぎです。

The Sales Department is currently in a frenzy, like a hornets' nest that has been disturbed.

企業にとって利益は血液のようなものです。目的にはならないが、必要不可欠なものです。

Profit is the lifeblood of a company. We don't make it a goal, but it's a necessity.

✻ make ... a goal　～を目標に設定する

50

気遣い

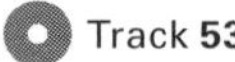
Track 53

CONSIDERATION FOR OTHERS

できるビジネスパーソンは気遣い上手。日本語でも英語でも気遣いはやっぱり大事。ちょっとした一言でチームワークが向上します。優しさは万国共通です。

今日はどうだった？
How was your day today?

大丈夫？　無理しないでね。
Are you OK? Don't overdo it.
✻ overdo it 無理をする

何かあったの？
What's the matter?

いつも頑張ってますね。
You are always doing your best.

よかったらお茶をどうぞ。
Have some tea if you'd like.

私も手伝いましょうか？
Shall I give you a hand?
✻ give 人 a hand　（人）に手を貸す

何か手伝えることある？
Is there anything I can do to help?

手伝うよ。
I'll help.

書類、まとめておきました。
I've organized the documents for you.

先に休憩をどうぞ。
You can go ahead and take a break.

寒くない？
Isn't it cold?

他に何かすることありますか？
Is there anything else I can do?

今日は疲れたでしょう。
You must be tired today.

チョコレート食べますか？
Would you like some chocolate?

今日は決まってますね！
You look sharp today.

早く帰りなよ。
You should go home early.

あとはやっておくから、先に帰っていいよ。
I'll finish the rest, so you can go home.

今日はここまでとしましょう。
Let's call it a day.

あんまり頑張りすぎるなよ。
Don't push yourself too hard.
✻ push oneself hard 懸命に努力する

最近忙しそうですね。
You seem busy these days.

コンビニ行くけど、何かいりますか？
I'm going to the convenience store. Would you like anything?

奥さんによろしく言っておいて。
Please say hello to your wife for me.

お子さんは元気にしていますか？
How are your kids?

今度飲もうよ。
Let's go for a drink sometime.

プレゼン、頑張ってね。
Good luck with your presentation.

素敵なネクタイですね。
Nice tie!

きっとうまくいくよ。
I'm sure it will go well.

いつも通りにやれば大丈夫。
Just do what you always do and it will be fine.

何とかなるさ。
It'll work out somehow.

成功を祈っています。
I'm wishing you the best.

51

リーダーシップを発揮する

Track **54**

DEMONSTRATING LEADERSHIP

イニシアチブをとる一言こそ迷わずに言いたいもの。チームをまとめ、士気を上げるフレーズで強いチーム作りを実現しましょう。リーダーシップは、ポジションに関わらず主体性のある言動で発揮できます。

みんなちょっと集まってくれるかな。

Gather round, everyone.

関連部署を集めてミーティングを開きましょう。

Let's hold an interdepartmental meeting.

✻ interdepartmental 各部署にまたがった

金曜日の会議の前に事前情報を流しておきたいと思います。

I have some information to pass along before we have our meeting on Friday.

✻ pass along... ～を申し伝える

キックオフミーティングを実施したいと思います。

Let's hold a kickoff meeting.

会議の後に、少しだけフォローアップミーティングをしたいのですが。

After the meeting, I'd like to hold a brief follow-up meeting if possible.

本題に入りましょう。

Let's get down to business.

✻ get down to... ～に本腰を入れて取りかかる

私たちのチームで何かできることはないだろうか。

Is there something our team can do?

前例はありませんが、やってみたいと思います。

Although it hasn't been done before, I'd like to try it.

この案件は私がやります。
I'll handle this issue.

そのプロジェクトは私に担当させてもらえませんか?
Would you allow me to spearhead that project?
＊spearhead　～の陣頭指揮を執る

これは他人事ではないと思います。
It could happen to us.

まずは私ができることを考えたいと思います。
First, I'll think of what I can do.

誰か一緒にやってくれませんか?
Would someone do this with me?

必ず何とかします。
I promise I'll sort it out.
＊sort ... out　～を解決する

責任は私が取ります。
I accept full responsibility.

開発の本部長は私が説得してきます。
I'll persuade the head of development.

まずは話のフェーズを合わせましょう。
First of all, let's make sure we are all on the same page.
＊be on the same page 共通の認識を持っている

わかりました。すべてアレンジしておきます。
I understand. I'll arrange everything.

最悪のケースを想定して、念のために代案を用意するべきだと思います。
We need contingency plans in case the worst happens.
＊contingency plan 緊急時の対応策

我々がやらなければならないことは、AとB、そしてCです。

What we need to do is A, B and C.

やることが決まったら後はやるのみです。

After deciding what to do, all there's left to do is carry it out.

＊carry ... out　～を実行する

環境や人のせいにしたら成長はありません。

If you put the blame on your environment or other people, your growth will be stifled.

＊stifle　～を抑える

正解は1つとは限らない。

There's not always one correct answer.

与えられた条件の中で最善の答えを期間内に出すことが重要です。

It's important to produce the best results within the parameters that have been given.

＊parameters 範囲

業務量ではなく、結果で判断していくべきだと思います。

We should evaluate based on results rather than workload.

＊evaluate 評価する／workload 仕事量

ルールではなく文化を創りましょう。

Instead of rules, let's create a culture.

メンバーの士気をどう上げるかがポイントです。

The important point to consider is how to raise our members' morale.

＊morale やる気、士気

チームの意識改革から始めましょう。

Let's start by changing the team's way of thinking.

メンバーが主体性を持って仕事ができるようにしたいです。

I'd like all members to be able to work independently.

チームビルディングのために研修を企画したいと思います。

I'd like to set up training for team building.

52

静かな怒り

Track 55

QUIET RAGE

ビジネスで感情的に怒るのはあまり得策ではありません。とはいえ、時には相手に静かな怒りを伝えることが効果的なことも。冷静さの中でもあなたの怒りをクールに示すフレーズをまとめました。

あり得ないよね。

It's inconceivable, right?

＊inconceivable 信じられない

まあそれでもいいんじゃないですか。

That's fine, I guess.

前の人と言ってること違いますよ。

That's not what I was told previously.

話が違います。

That's not what was agreed upon.

＊agree upon... ～について合意する

それは以前にもお伝えしたことです。

I've already told you that.

結構待ちましたけどね。

Well, I did wait for quite a long time.

その考え方は、人としてちょっと間違っていると思います。

That line of thinking is fundamentally flawed.

＊fundamentally 根本的に／flawed 欠点のある

お言葉ですが、それはちょっとどうかと思います。

With all due respect, I think that is incorrect.

あなたの言いたいことはわかります。

I can understand what you are saying.

これはちょっと許せませんね。
It's unacceptable.

二度手間になります。
That is a waste of time.

結構です！
No thanks!

言ったじゃないですか。
I said that, didn't I?

ほらね。
See? I told you.

理解できません。
I don't understand.

本当にそれでいいんですか？
Is that really acceptable for you?

失礼ですね。
You're being rude.

一貫性がありません。
There's no consistency.
＊consistency 一貫性

それではプロとは言えませんね。
You can't call yourself a professional.

関係ありません。
It doesn't matter.

馬鹿げています。
That's ridiculous!

ふざけるな。
Don't fool around.

甘いんだよ。

You are so naive.

いい加減にしろ。

OK, that's enough.

どういう意味ですか？

What's that supposed to mean?

人のせいにしてはいけません。

You cannot put the blame on others.

その件については厳しく対処したいと思います。

I'd like to deal with the matter strictly.

不愉快です。

I'm displeased.

ちょっと待ってくださいよ！

Just hold on a second!

質問に質問で返すな。

Don't answer the question with another question.

今回は何とかなりましたが、次はないと思ってください。

We were able to manage this time, but don't expect that to happen again.

53

爽やかな挨拶

Track 56

ELOQUENT GREETINGS

通常の挨拶よりも少しこなれた言い方や、気持ちを乗せた挨拶をまとめました。コミュニケーションを発展させる爽やかな挨拶はより良い関係性構築の第一歩です。

どうも。
Hi.

おはようございます、埋金さん。
Good morning, Ms. Umegane.

お会いしたことはありませんよね。
I don't believe we've met yet.

自己紹介がまだでしたね。
I haven't introduced myself yet.

自己紹介をさせてください。
Please allow me to introduce myself.

私の名前は藤崎です。
My name is Masataka Fujisaki.

マサと呼んでいただいて構いません。
You can call me Masa.

マサと呼んでください。
Please call me Masa.

気軽にマサと呼んでください。
Feel free to call me Masa.

初めまして。
It's nice to meet you.

お会いできて光栄です。

Pleased to meet you.

こちらこそ。

The pleasure is mine.

弊社の営業リーダーのロバーツにはもう会いましたか?

Have you met our Sales Leader, Mr. Roberts?

いいえ。お会いするのは初めてです。

No, I don't believe I've had the pleasure.

弊社の営業部リーダーのロバーツを紹介させてください。

I'd like to introduce Mr. Roberts, the leader of our Sales Division.

こちらが弊社の営業部長のロバーツです。

I'd like you to meet our Sales Manager, Mr. Roberts.

弊社のCFOのロバーツを紹介いたします。

Please allow me to introduce you to our CFO, Mr. Roberts.

お会いできて良かったです。

It's been a pleasure.

✻It's は It has の略。

またお会いできるのを楽しみにしております。

I look forward to seeing you again.

こんにちは、ウィーバーさん。しばらくぶりですね。

Hello again, Ms. Weaver. It's been a while, hasn't it?

✻この It's も It has の略。

またお会いできて光栄です。

It's a pleasure to see you again.

またお会いできて嬉しいです。

It's great to see you again.

まさかお会いできるなんて！
What a pleasant surprise!

お話しするのは久しぶりですね。
It's been a while since we last spoke.
✻この It's も It has の略。

お元気でしたか。
How have you been?

調子はどうですか。
How are you doing?

今日も1日頑張ろう。
Let's do our best today, as always.

お先に失礼します！
I have to go now. Please excuse me.

今日はありがとうございました！
I appreciate everything you did today.

54

ビジネスユーモア

Track 57

BUSINESS HUMOR

英語でユーモアを言うのはかなり高い難易度。このチャプターではユーモアの参考になるフレーズをまとめました。知的なジョークはコミュニケーションの潤滑油です。下記はすべてネイティブスピーカーが厳選した表現です。

何でも聞いてくれて大丈夫です。難しいこと以外はね。

You can ask me anything. But if you have a difficult question, ask someone else.

ご安心ください。私は知らないこと以外は何でも知っています。

Don't worry. I know everything apart from the things I don't know.

今日は遅れて出社しましたので、できるだけ早く帰ります。

I arrived late, so I'll make sure to leave early.

「後でね」「うん。後でね」

"See you later, alligator." "In a while, crocodile."

✻ alligator と crocodile は、どちらもワニの一種。決まり文句。

彼はこの会社で一番有能な怠け者です。

This guy is the best slacker we have in this company.

✻ slacker 怠け者

はい。絶対そうです。たぶん。

Yes. Definitely, maybe.

彼はビジネスマンではありません。ただのビジーマンです。

He's not a businessman, just a busy man.

外国人 英語が上手ですね。

Wow, your English is very good.

（英語のネイティブスピーカーに対して）スミスさんも勉強すればこれくらいになれますよ。

Mr. Smith, if you study hard enough, even you can be as good as me.

外国人 日本には侍はまだいるのですか？

Are there any samurai left in Japan?

そうですね。東京の本社にはまだ5～6人います。

Yeah. I think there are still about five or six in the head office in Tokyo.

＊外国人から上記のようなジョークを言われたときに返す一言。

「どんな感じ？」「そんな感じ」

“How’s it going?” “It’s going.”

これまでに経験したプロジェクトの中で一番タフだったのは結婚です。

The most difficult project I have faced in my career is my marriage.

今まででで一番厳しかった上司は義母です。

The toughest boss I have ever had is my mother-in-law.

いるだけで良ければ残業しますよ。

Tell me if you need me to work late doing nothing.

お疲れさまでした。わかってますって！　私と働けて良かったって言いたいんですよね！

Goodbye. I know it has been a pleasure to work with me.

プレッシャーの中で働くのは苦手です。プレッシャーがなくても苦手なんですけどね。

I don’t work well under pressure, or under any other circumstances.

仕事しすぎてお酒が飲めなくならないか心配です。

I'm concerned that my job is interfering with my drinking habit.

✻ interfere with... 〜を妨げる

明日は風邪をひく予定。

I'm starting to feel sick tomorrow.

僕にとって君は同僚なんかじゃない。だって働いているところを見たことないから。

I don't think of you as a coworker because you never work.

あなたのスピーチ、内容は不十分でしたがその分長かったですね。

Whatever your speech lacked in content, it made up for in length.

✻ make up for A in B　AをBで埋め合わせる

部下には私を友人と思えと伝えています。その友人の言うことは絶対だ、ともね。

I tell my subordinates to think of me as a friend, a friend who is never wrong.

AIもバカには勝てない。

Artificial intelligence is no match for natural stupidity.

✻ artificial intelligence　AI（人工知能）／be no match for... 〜には敵わない

我々は今のところ世界征服は検討していません。

We don't have any current plans to take over the world.

✻ take over... 〜を占領する

今日もまた仕事？　わたし昨日働かなかったっけ？

Work again? Didn't I do that yesterday?

チームワークは重要です。誰かに責任をなすりつけられるからね。

Teamwork is important. It helps to put the blame on someone else.

✻ put the blame on 人 （人）に責任を負わせる

私、マルチタスクは得意ですよ。時間を無駄にしつつ、非生産的でいながら、ぐずぐずする。これを全部同時にできますからね！

I'm great at multitasking. I can waste time, be unproductive, and procrastinate all at once.

✻ procrastinate ぐずぐずする／all at once 同時に

ちゃんと起きたし、服も着た。これ以上何やれって言うんだよー。

I'm out of bed and dressed. What more do you want?

キャリアがほしいと思っていました、つまりはお金がほしかっただけなんですよね。

I thought I wanted a career—turns out I just wanted money.

あなたのせいだなんて言ってないですよ。あなたのせいにすると言っただけです。

I didn't say it was your fault, I said I was blaming you.

馬鹿げたことを学ぶのに遅すぎることはありません。

You're never too old to learn something stupid.

効率とはすなわち怠惰を極めることだ。

Efficiency is a highly developed form of laziness.

ペーパーレスの会社に入りました。すべてが快適でした—トイレに行くまでは。

I got a job at a paperless office. Everything was great until I needed to use the bathroom.

55

ツッコミを入れる

Track 58

GIVING WITTY RESPONSES TO JOKES

不可解な言動に対して一言入れたり、あるいはジョークをたしなめたり。いわゆる「つっこみ」にあたるフレーズです。言い方次第ではキツいニュアンスも出ますので要注意。

なんでやねん！
Are you kidding me?

うそでしょ!?
You're joking, right?

そうなの!?
Really?!

ちょっと…。笑
Come on.
＊笑いながら言う。

勘弁してよ。
Give me a break!

思ったより、普通のボケですね。
I was expecting funnier banter from you.
＊ banter 冗談の言い合い

こだわるねー。
You're sticking with that, are you?

それ真面目すぎるよ！
That's so earnest!

まさか！
No way!

そんなバカな！
Ridiculous!

あり得ない！
Unacceptable!
✻拒否感を表している。

はいはい。面白いね。
Ha. That's funny.
✻冷めた感じのフラットなイントネーションで。

うるさいな。
Hush now.
✻ hush 静かになる、黙る

怒るぞ。
Don't make me angry.

そういうんじゃないんだよな。
That's not quite it.

やめなさい。
Stop.

それがどうした。
So what?

何それ。
What are you saying?

冗談じゃない。
What the heck?!
✻ heck 一体全体

遊びじゃないんだから。
It's not a game.

いやいやいやいや。
No, no, no, no.

そういうのいいから。

You don't need to say that.

✻褒められたときなどに使う。

ちょっとやめてー！　もうー！

Hey! Stop!

そんなわけないでしょ。

That can't be the case.

思ってたのと違うな。

That's different from what I thought.

逆でしょ！

The other way!

ちょっと待って！

Hold up!

どっちもどっちだね。

It takes two.

✻口論などで双方に非がある際に使う。

マジで言ってんの？

Are you being serious right now?

56

場を盛り上げる

Track 59

LIVENING UP THE ATMOSPHERE

チームの士気を上げる様々なフレーズをまとめました。互いのテンションを上げる言葉はとても大切。ちょっとした一言の積み重ねがチームビルディングにつながります。

ここからが始まり！
This is only the beginning!

このままノンストップで突っ走ろうぜ！
Let's keep going full throttle!

俺たちならもっとできる!!
We can definitely achieve so much more!

さあ行こうぜ！
Come on, let's go!

気合入れて行こう！
Let's fire up our engines and go!
＊fire up... （エンジンなど）を作動させる

落ち着きましょう！
Stay calm!

落ち着こうぜ！
Stay cool!

お前たち最高だ！
You guys are the best!

最高だね！
Excellent!

ばっちりだ！
Nailed it!
＊ nail it 完璧にやってのける

やった！
I did it!

気にするな！　そのまま行け！
Don't worry, keep going!

心配しなくていいよ。
Don't worry about it!

これが終わったらビールが飲めますよ！
There's a beer waiting for you once you're done!

もうひと頑張りしましょう！
Let's give it one last push!

やっぱり私たち優秀ですよね。
Just as I thought, we are a brilliant group of people.

行けるところまで行きましょう！
Let's go as far as we can!

やってやろうじゃないですか。
Why don't we give it a go?

我々のボーナスがかかっています！
Our bonuses are riding on this!
＊ ride on...　～次第だ

順調ですね。
This is going well.

最後まで走り切りましょう！
Let's keep going until we reach the finish line!
＊ finish line ゴール

とにかくやれるだけのことをやりましょう!
Let's just do what we can!

ここまで来たら絶対成功させましょう!
Since we've come this far, let's be sure to make this a success!

完璧です。
That's perfect.

よっしゃー!
Alright!

ワクワクしてきましたね!
It's starting to get exciting!

やっぱり最後は情熱です。
Sure enough, in the end it's all about passion.
✻ sure enough 思った通り

我々なら余裕ですね。
It's no problem for us.

そう! それ!
Yes! That's it!

できるかできないかではなく、やるかやらないか。
It's not about whether you can or cannot, it's about whether you do or do not.

57

部下をたしなめる

Track 60

REPRIMANDING A SUBORDINATE

上司がどのように部下に伝えるかで部下のパフォーマンスは変わるもの。相手を必要以上に傷つけず的確に指導していくために、関係性や状況に応じた言い方を選んでスマートに指導していきましょう。

それでも悪くはないんだけどね、でも…、

It isn't bad, but…

それは失礼にあたるから控えなさい。

Refrain from doing that. It's rude.

君が良くても会社はだめなんだよ。

You might be fine with it, but the company is not.

君は何が重要かが、まだわかっていない。

You don't yet understand what is important.

マネージャーとしての自覚を持つべきだ。

You should be more professional as a manager.

君の視点からはそうかもしれないが、相手の立場だったらどうだと思う?

That may be your point of view, but how do you think they feel?

落ち着いて、まわりをもっとよく見て!

Calm down and pay attention to your surroundings!

二度としないように。

Let's try not to repeat the same mistake.

わかるわかる。あるあるだよね。

I know, I know. It happens.

とりあえず一旦落ち着こう。

Let's just calm down.

次回からはもっとうまくやりましょう。
Let's improve on this for next time.

今回学んだことは次に生かしなさい。
Learn from this experience.

これの原因を報告してください。
Please tell me the reason for this.

それについて、君は今後どうすればよいと思いますか？
What do you think you should do about this in the future?

その問題は意識改革では解決できません。仕組みから変えよう。
Changing the way we think about the issue won't solve it. We need to change the overall plan.

その提案は現実的ではない。
That is unrealistic.

まずは自分の考えを述べなさい。
Start by expressing your thoughts.
＊start by doing... 〜することから始める

まずは目の前のことに全力で取り組みなさい。
Put 100% into what is in front of you.

目の前のことに全力で取り組めない人は、どこに行っても成功しないよ。
People who don't put in 100% will never succeed, no matter where they go.

目の前のことに集中しなさい。
Focus on what is in front of you.

不平不満では改善できない。建設的な代案を出してください。
Complaining won't help. Please give a constructive alternative instead.
＊alternative 代替案

まだまだ甘いぞ。

You still have a lot to learn.

人のせいにすると、自分の成長が止まるぞ。

You won't grow if you keep blaming others.

それをするために、君には何ができる？

What can you do to make that happen?

苦しいときほど頑張りどきだぞ。

When the going gets tough, the tough get going.

言われたことをやりなさい。

Do what you're told.

言われたことだけをやっていては駄目です。

You can't do only what you're told.

自分で考えなさい。

Think about it on your own.

それについて、君は考える必要はない。

You don't need to concern yourself with that.

＊concern oneself with... ～に関心を持つ

会社は君たちのことを考える。君たちは会社のことを考えろ。

The company is thinking about you. You need to think about the company.

君はどのようにチームに貢献したいと思っていますか？

How do you want to contribute to the team?

困ったときは基本に戻りなさい。

When all else fails, go back to the basics.

58

部下を励ます

Track **61**

ENCOURAGING A SUBORDINATE

落ち込んだ部下をいかにインスパイアするかは上司にかかっています。励ますときは適切なタイミングと言葉を選び、情熱を持って接しましょう。あなたの一言が部下にとって忘れられない一言になることも。

あんまり考えすぎないで！

Don't dwell on it for too long.

✻ dwell on... ～をくよくよ考える、深く考える

いつでも相談してね。

My door is always open.

一緒に頑張ろう。

Let's get through it together.

行ける！　まだ行けるよ！

You still have more to offer!

ここが成長の踏ん張りどきだ！

These are growing pains.

✻ growing pains （目的を達成するための）苦しみ

良いところはあるんだから！

Everyone has something they are good at, including you!

今日の失敗は明日には成功に変わっているさ。さあ、元気出していこう。

Today's mistake will be tomorrow's success. Keep your chin up.

✻ keep one's chin up 元気を出す

そういうときもあるよ。

These things happen.

私もそうだったよ。
I was the same.

私も同じ失敗したことあるよ。
I've also made the same mistake before!

次に挽回すればいいじゃん！
Just do better next time!

よくやった！
Great work!

今日のプレゼン、良かったよ。
You did well with your presentation today.

よかったら今日は1杯飲みに行こうか。
If you want, why don't we go for a drink later?

今日は飲んで忘れよう！
Let's just forget about it over a drink!

今回の件で君が学んだのは、些細なことでも報告しておいたほうがよいということです。
What you learned from this experience is that you should report even the smallest details.

今の気持ちを教えてくれるかな。
Tell me how you feel.

気持ちはわかるよ。
I understand how you feel.

いろんな人がいるからね。
There are many types of people in the world.

そんなに心配しなくていいよ。
Don't worry about it too much.

心配するな、一緒に解決しよう。
Don't worry, let's try and solve it together.

時間が解決するよ。
Time will fix everything.

これをきっかけに成長すればいい。
Use this as a learning experience.

それが失敗かどうかは、後でどう君が意味づけをするかで決まるよ。
Whether or not it is a success or failure depends on how you reflect on it later.

すべては君の考え方次第だ。
It all depends on how you look at it.

へこたれるな！
Don't lose faith!

今回は運が悪かっただけだよ。
It was just bad luck this time.

ミスは誰にでもある。
Everyone makes mistakes.

切り替えていこう！
Forget about it and move on!

59

部下を指導する

Track 62

DIRECTING A SUBORDINATE

部下の成長のためには都度フィードバックを返し、自身で考えてもらうことも必要です。部下を変えることはできませんが、部下が自ら変わるように促すことは可能です。常にきっかけを作って振り返りの機会を。

どうしてこうなると思う？
Why do you think this happens?

なんでこれをやるか考えてごらん。
Think about why we're doing this.

いつでもいいから、答えを聞かせてね。
Let me know what your answer is, whenever you're ready.

今の部分、メモしておいて。
Take note of that.

じきにわかりますよ。
You'll find out soon enough.

もっとわかりやすく説明してください。
Please explain it a little more clearly.

ポイントは何なの？
What is your point?

何が問題なんですか？
What is the problem?

今週中に資料を準備してください。
Please have the documents ready by the end of the week.

締め切りに間に合いますか?
Can you make the deadline?
＊make the deadline 締め切りに間に合わせる

レポート提出期限を守れなかった理由は何ですか?
Why didn't you meet the submission deadline for the report?

間に合わなかった理由を教えてください。
Why did you miss the deadline?

それは最初からわかっていたことです。
That was obvious from the start.

最近、ミスが多いね。
You've been making a lot of mistakes recently.

最近仕事のパフォーマンスが落ちているけど、何かあったの?
Your performance has been deteriorating a bit recently. Is everything OK?
＊deteriorate 悪化する

間違いが多いと自分が損するよ。
It is you who will suffer from your numerous mistakes.
＊numerous 多数の

あなたの対応について、クライアントからクレームが来ています。
A client filed a complaint due to the way you treated them.
＊file （苦情・訴えなど）を申し立てる

その理解は正しくありません。
That perception is inaccurate.

君のオフィスでの態度は良くないと思います。
Your attitude in the office is unacceptable.

チームワークを乱してはいけません。

Don't disrupt the teamwork.

✻ disrupt　～を混乱させる

アホはいいけど、ウソは駄目です。

While stupidity can't be helped, dishonesty is unacceptable.

✻ can't be helped 仕方ない

情報は待つのではなく、自ら取りに行きなさい。

You must seek out information rather than wait for it to come to you.

仕事は主体的にやるものです。

We need to be proactive at work.

✻ proactive 積極的な

メンバー同士でコミュニケーションを密に取るようにしてください。

Make sure the team members are all communicating with one another.

✻ one another お互い

そのやり方は正しくありません。

That's not the right way to go about it.

ルールは守るように。

Make sure you follow the rules.

指示したことができていないのは非常に残念です。

It's extremely disappointing that you were unable to do what I instructed you to do.

このままでは君の評価を高くつけることはできません。

At this rate, I won't be able to give you a positive evaluation.

✻ at this rate このままでは

私があなたに何を期待しているかわかりますか？

Do you know what I expect from you?

仕事のプライオリティで迷ったら相談してください。

Come to me when you're having difficulty prioritizing.

60

上司に進言する

Track 63

OFFERING INPUT TO A SUPERVISOR

判断力の差は情報量の差に直結します。情報量が多い現場から常に上司に的確な進言をすることによってチーム全体を正しい方向に導くことができます。ここでまとめたフレーズを参考にどんどん進言を。

お言葉ですが、

With all due respect, ...

＊due 当然の／respect 尊敬、敬意

私が言いたいことは、

What I'd like to say is...

おっしゃることは重々承知しています。しかし、

I completely understand what you said. However, ...

恐縮ですが、私の意見を申し上げたいと思います。

If I may, I'd like to humbly share my opinion.

＊if I may もしよろしければ／humbly 謙虚に、謹んで

お言葉を返すようですが、

I don't mean to contradict you, but...

＊contradict ～を否定する、～に反論する

もう一度ご検討ください。

Please reconsider.

今回の事例にはＡ案のほうが適していると思います。

I believe suggestion A is more suitable in this case.

人海戦術で乗り切りましょう。

To get through this, let's attack with increased manpower.

恐れ入りますが、その計画は時間的に間に合いません。

I'm afraid that plan will not fit the time frame.

このままでは間に合いません。

The deadline won't be met at this rate.

✻ at this rate このままでは

クオリティを気にしなければ、ギリギリ間に合います。

If we sacrifice quality, we can just about make the deadline.

✻ just about かろうじて

もう少し時間が必要です。

We need more time.

現実的には難しいと思います。

Realistically, I think it will be difficult.

正直、どうなるかはわかりません。

I don't know what will happen, to be honest.

担当の意見を聞いてみます。

I'll ask the person in charge.

もう一度、計画の見直しをしていただけないでしょうか。

Would you please reassess the plan once more?

部長から営業に確認していただけないでしょうか。

May I ask you to check with the Sales Department?

✻英語では人を役職で呼ばないので、ここでは you に置き換えている。

会議をもっとこのようにすれば、効率が良くなると思います。

If we conduct our meetings more like this, it will result in improved efficiency.

あくまでたとえばですが、

This is just an example, but...

念のため確認ですが、この書類はマニラ封筒ではなく普通の封筒で送ってよろしいですか？

Just in case, may I confirm that a standard envelope, not a Manila envelope, is suitable for sending these documents?

私見ですが、ジェイ社よりマックス社のほうが信用できるように思います。

In my opinion, Max Company is more trustworthy than Jay Company.

＊trustworthy 信頼できる

個人的には、その件はミラーさんが適任かと思います。

Personally, I feel that Ms. Miller is more qualified for that.

＊be qualified for... 〜に適任である

今回は思い切って彼に任せてみるのはいかがでしょうか。

How about we take a chance and leave everything to him?

＊take a chance いちかばちかやってみる

もしよろしければ、この件は私に挑戦させていただけませんでしょうか。

If you approve, may I take on this challenge?

＊take on... （仕事など）を引き受ける

ただでさえギリギリの人員でやっています。これではパンクします。

As it is already, we are barely able to manage with this number of people. If we keep going like this, we'll burn out.

＊burn out 疲れ果てる

何とかチームの人員を増やしていただけませんでしょうか。

Is there any possible way for you to add more people to the team?

恐縮ですが、どうも梅原さんとイアンは少々相性が悪いようです。

I hate to trouble you, but it appears as if Mr. Umehara and Iain don't get along very well.

このままでは退職者が出ます。

At this rate, some people are going to resign.

✻ at this rate このままでは

昨年とは状況が変わりましたので、同じやり方が通用しません。

The situation has changed since last year, so the same methods will not work.

ここはぜひお力添えをお願いしたいのですが…。

I would very much like to ask you for your assistance here.

COFFEE BREAK

英語で口論するとき

日本人がネイティブスピーカーと英語でケンカをするのは至難の業です。既に高い英語力を持っている場合は別ですが、完璧ではない英語レベルで口論するのは多くの方にとって非常に難しいでしょう。議論が白熱したときや口論になったときは、互いにヒートアップしているので話すスピードも速くなります。するとすべてを聞き取るのが難しくなりますので全身全霊でリスニングに集中することになりがちです。つまり相手の言い分に耳を傾けることになりますが、一方で自分がしゃべるほうがおろそかになってしまいます。口論のときのボキャブラリーが少ないと本当に難しいシチュエーションです。

外国人との口論は私も経験があります。しかし、ヒートアップした相手の主張をよく聞いてみると、くだらないことを堂々と言っているケースも中にはあります。そんなときは相手の話を聞くのを思い切ってやめてください！　逆に相手の言葉にかぶせて自分の主張をガンガンするのも場合によってはアリです。日本語で口論しているときを思い出しましょう。くだらない主張をされたときに、集中して相手の言い分を最後まで聞くことはないですよね？　ずっと聞いていると話の主導権を持っていかれることがありますので、ここぞというときは相手がしゃべっていても構わず主張するという選択肢もあると思っておいてください。本書の「ブチ切れる」（p.107–）「静かな怒り」（p.244–）のページを参考にどうぞ。

61

主張を通す

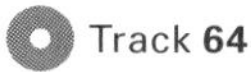

MAKING ASSERTIVE STATEMENTS

ここぞというときには、相手が上司であってもネイティブであってもしっかりと主張を通しましょう。自分で考え抜いたベストの方法や提案はしっかり主張して議論。それが全体のためになります。

そのような見方もありますが、
That's one way of looking at it, but...

前例がない分、やる価値があるはずです。
It should be worth doing since no one has done it before.

これをやることに疑いの余地はありません。
There's no doubt that we should do this.

結果が出ることは明らかです。
It's clear that we will see good results.

我々ができることはこれだけです。
This is all we can do.

誰だってこうします。
Anyone would do this.

何と言おうとこれで行きます。
I'll go ahead with this, regardless of what you say.
＊ regardless of... ～に関わらず、関係なく

それとこれとは別の話です。
Those are two different things.

話をすり替えないでください。
Please don't change the subject.

これは双方にとってメリットがあると思います。

It would benefit both parties.

やむを得ません。

That's unavoidable.

だって仕方ないでしょう。

We can't do anything about it. That's why.

それについても十分検討したうえでの結論です。

We came to this conclusion after thoroughly taking that into consideration.

＊take ... into consideration　～を考慮に入れる

逆に聞きますが、他に良い案があるのですか?

If I can turn the question back to you, do you have any better suggestions?

そうしたいのはやまやまなのですが。

I'd really like to do that.

理想と現実は違うんです。

There's a difference between your ideal and reality.

ですから、無理なものは無理なんです。

Like I said, it's impossible because it is impossible.

ここは私たちを信じてください。

Please trust us on this.

絶対的な自信があります。

I have the utmost confidence.

当てずっぽうで言っているのではありません。根拠があります。

I'm not just saying random things. There are good reasons for those.

これぱっかりは譲れません。

This is one thing we cannot compromise on.

＊compromise on... ～について妥協する

責任は私が取ります。

I'll take the responsibility.

その話は済んだはずではありませんか。

Weren't we done discussing that?

絶対これがいいですって！

I'm saying that this will definitely be better!

そこを何とか、お願いしますよ！　今回だけ！

If you could help us out—please! Just this once!

ありがとうございます！　今度1杯おごります！

Thank you very much! I owe you a drink the next time we go out!

これを行うことで、軌道に乗せることができるでしょう。

Doing this will put us on the right track.

これがやるべきことであると自信を持って言えます。

I'm confident that this is the right thing to do.

私の視点をご理解いただけるとよいのですが。

I hope you can understand my point of view.

率直に申し上げて、やりすぎかと思います。

To be honest, that's going overboard.

どうしたらお考えを変えていただけますでしょうか。

What can I do to change your mind?

私はあまり賛成ではありません。

I don't really agree with that.

もっと良い方法があったはずですが。

There should've been a better way to handle that situation.

✻ should've は should have の略。

この問題は1人で解決するには大きすぎます。

This issue is too big for one person to resolve.

あなたの対応は誤っていると言わざるを得ません。

I have to say that you're going about this all wrong.

✻ go about... 〜に取りかかる

うまくいくと、もっと自信を持たなくてはいけません。

We need to have more confidence that this will work.

彼女のアドバイスに従うことを強く推奨いたします。

I strongly recommend following her advice.

彼女の案で行きましょう。彼女の経験からして間違いないでしょう。

Let's go with her plan. Her experience speaks for itself.

✻ speak for oneself それ自体が雄弁に物語っている

言わせてもらえば、いくつか代替案が必要です。

If you ask me, we need to have several backup plans.

✻ if you ask me は、相手から尋ねられていない事柄に対して自分の意見を述べるときや、すでに出ている意見とは異なる意見を述べるときなどに使う。

恐れ入りますが、私たちは意見が一致しないようです。

I'm afraid we're not seeing eye to eye.

✻ see eye to eye 意見が一致する

おっしゃることに反論するつもりはございません。しかし、

I don't intend to refute what you said. However, ...

✻ refute 反論する

恐れ入りますが、それは現状とは関係ありません。

I'm sorry, but that has nothing to do with the current situation.

わかってそうしています。

I know what I'm doing.

最終決定を下す前に検討を十分に尽くすべきです。

We should consider all angles before making a final decision.

他に状況を改善する手はありません。

There's no other way to rectify the situation.

＊rectify　～を修正する、正す

すぐに目の前のことに取り組まなくてはいけません。

We need to deal immediately with what's in front of us.

これにより、会社として成長できると考えます。

I believe that this will help us grow as a company.

逆にこの意見以外に適切なものはないと思います。

As a matter of fact, I don't think there's any better idea.

＊as a matter of fact 実際のところ

62

敢えてタメ口で話す!

Track 65

DELIBERATELY USING CASUAL LANGUAGE

親しい関係性を築くためには、場合によってはカジュアルな表現を使うことが有効です。いつも丁寧でフォーマルな言い方ばかりだと逆に距離感を感じることもあります。状況に応じて柔軟に使い分けましょう。

おはよう。
Mornin'.

やあ、みんな。
Hey guys.

さっきは電話に出られなくてごめん。どうした?
Sorry I missed your call earlier. What's up?

うん、言いたいことわかるよ。
Yeah, I get you.

お疲れさま。また明日!
Well, I've gotta go. See ya tomorrow!

今月よく頑張ってくれた君たちに感謝したい。
I wanna thank you guys for your hard work this month.

その件はなるべく早くこっちで何とかするから、一旦待ってて。
We'll take care of the issue ASAP, so just hang tight.

＊ASAP は as soon as possible の略で「エイサップ」または「エイエスエイピー」と読む。／hang tight 腰を据えて待つ

邪魔して悪いんだけど、これ終わらせてくれないかな?
Sorry to bug you, but would you mind finishing this for me?

＊bug　～を困らせる

大丈夫、やっておいたよ。

No problem, I got you covered.

聞いた？　経理部のボブがクビだって。

Did you hear? Bob in Accounting got canned.

✻ get canned クビになる

いいなあ。

You're so lucky.

いいんじゃないかな。

Sounds OK to me.

それはよかった。

Good to hear that.

ビビるな！

Don't freak out!

✻ freak out ひどくびくつく

すっごく久しぶり！

It's been forever!

こまめに報告して！

Keep me posted!

✻ keep 人 posted　（人）に最新情報を伝える

通じてる？

Are you following?

うん、そんな感じ。

Yeah, like that.

そういうことか。

That's what it is.

またやっちゃった…。

I messed up again.

✻ mess up 台なしにする

すべてチェック済み。準備万端！

Everything was checked, so we're good to go!

準備が終わってないから、ぶっつけ本番だ！

I'm not prepped, so I'm just gonna wing it.

＊prepped 準備ができて／wing it その場で何とかする

グランドオープンは来週だよ。テンション上がってきたわー。

Our grand opening is next week! I'm so pumped!

＊pumped 気分が高揚した

アポが３回も延期になって、もううんざり！

My appointment was postponed for the third time. I'm so over it.

彼はどうしたもんかね。こっちの言ってることが全然伝わらないんだよな。

I don't know what we are going to do with him. He just doesn't get it.

ごめん、これ以上別のプロジェクトは引き受けられないわ。もう頭が回らない。

Sorry, I can't take on another project. My brain is fried.

＊fried 疲れきった

クライアントとの会議のことは心配しないで。私がついてるから！

Don't worry about the conference with our clients. I've got your back!

＊have (have got) 人's back （人）を守る（have got は have と同じ意味の口語表現。've got のように省略形でもよく使われる）

スタートボタンを押すだけ！　簡単だよ。

Just hit the start button. It's a piece of cake.

ちょっと外に出ますけど、何かいります？

Hey, can I get you anything while I'm out?

ペン持ってきていいかな。メモっちゃいます。

Can I grab a pen? I want to take down what you're saying.

会社に戻る前にちょっと食べて行かない?

Should we grab a bite before we head back to the office?

✻ grab a bite さっと食事を済ます

報告書6つ片づけたから、 あと3つだ。

Six reports down, three to go.

✻ down (課題などが) 片づいて

わからないことがあったら声をかけてね。

Give me a shout if you have any questions.

✻ give 人 a shout (人) に知らせる

ちょっと待って。 まだ準備中だから。

Hang on a sec. I'm not quite ready yet.

それはやばい!

Oh, that's not good!

ごめん。 大袈裟に言っただけ。

Sorry, I was just being dramatic.

了解!

Gotcha!

調子どう?

How's it going?

まじかあ!

Oh, man.

まあ、 いいよ。

Fair enough.

日本の仕事の流儀を説明する

Explaining Japanese Work Culture

ネイティブに対して日本人の仕事観をうまく伝えるフレーズです。文化や歴史を含め日本のことを説明するのはなかなか難しいので、フレーズで覚えてしまいましょう。

63

日本のビジネスパーソンを説明する

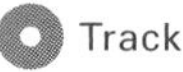
Track 66

DESCRIBING JAPANESE BUSINESSPEOPLE

海外の方と一緒に仕事をするときに、しばしば日本の会社で働く人について聞かれることがあります。日本のビジネスパーソンの仕事観をうまく伝えるためのフレーズをまとめました。

責任感が強い人が多いですね。

There are many people with a strong sense of responsibility.

約束の時間は守ります。

We're committed to being punctual.

＊punctual 時間を守る、時間厳守

チームで困っている人がいたら、業務上直接関係なくても手伝いますよ。

If someone on our team is having trouble, we are willing to lend a hand, whether or not their tasks are directly related to ours.

自分のことよりもチームのことを考える傾向があります。

There's a tendency for people to think about the team, not themselves.

言わなくてもわかる関係性を構築しています。

We build relationships that reach a level of unspoken understanding.

日本では季節を問わずスーツを着て仕事をする人が多いです。

In Japan, there are many people who wear suits to work, regardless of the season.

最近はビジネスカジュアルで働く人が多いですよ。

These days there are many people who work in business casual attire.

以前は終身雇用が守られていましたが、これからは変わってくると思います。

In the past, maintaining lifetime employment was the norm, but I believe it will change from here on out.

✻ lifetime employment 終身雇用／norm 基準、規範／from here on out 今後は

お金よりもやりがいを重視する人が増えているように思います。

I believe there are more and more people who prioritize self-fulfillment over money.

✻ self-fulfillment 自己実現

日本人は、やるときはやりますよ。

When the time comes to do something, Japanese people step up to the plate.

✻ when the time comes いざというときには／step up to the plate 進んで物事に取り組む

勝負どころは時間を気にせずに集中して働きます。

At critical moments we focus on the work, no matter how late it gets.

社会人としての常識は1年目に叩きこまれました。

The common knowledge required of a working adult was reinforced during my first year.

✻ require ... of 人 （人）に～を要求する／reinforce ～を強化する、補強する

世代によって仕事に対する考え方は結構違うと思います。

People's views on work are quite different, depending on their age group.

会議の前に根回しをしておくと、スムーズに物事が決まります。

If you lay the groundwork before a meeting, decisions can be made smoothly.

✻ lay the groundwork 根回しをする

海外駐在を目指すためにはTOEICのスコアが必要です。

If you want to live and work abroad, a high TOEIC score is required.

最近の若い人は英語がうまい人が多いです。

Many young people these days are good at English.

彼は英語はできないけれどとても優秀です。

Although he isn’t proficient in English, he’s an outstanding employee.

おとなしく見えるのは英語が話せないからです。 日本語だったらもっとしゃべりますよ。

The reason people seem quiet is that they can’t speak English. In Japanese, they are much more talkative.

フレックス出社をしていますので、朝は楽です。

Since I have a flexible work schedule, mornings are a breeze.

＊ breeze いとも簡単にできること、楽勝

フリーアドレスになっていますけど、結局いつも同じ席に座っちゃいますね。

Although our office has unassigned seating, we always end up sitting in the same seats.

＊ unassigned 割り当てられていない／end up doing... 結局～してしまう

謙遜しすぎる日本人が多いですね。 だから自己アピールが下手な人もいます。

There are many Japanese people who are too humble. Therefore, they are not good at selling themselves.

日本人でも関西の人はコミュニケーション能力が高い気がします。

Even among Japanese people, there’s a feeling that people from the Kansai area have good communication skills.

同期入社した人とは仲が良くなります。

We tend to develop friendships with the people who join our company at the same time as us.

先輩、後輩という考え方は日本の文化の特徴かもしれません。

Regarding colleagues as your seniors and juniors may be a characteristic of Japanese culture.

新卒から入社した社員のことを「生え抜き」とか「プロパー」と呼ぶことがあります。

Employees who began their careers at that company may be referred to as *haenuki* or a "proper" worker.

日本には体育会系と呼ばれる人たちがいます。

In Japan, there are people who are described as *taiikukai-kei*.

学生時代、本格的にスポーツをしてきた人たちです。

These people played competitive sports when they were students.

そういった人たちはタフで、営業職などに向いていると言われています。

Those kinds of people have thick skin, so it is said that they are suited for a job in sales.

✻ have (a) thick skin 神経が図太い

学生時代の部活では、先輩の言うことは絶対でした。

In my extracurricular activity at school, it was an absolute must that we listen to our older club members.

✻ extracurricular カリキュラム外の

目上の人を重んじるので、結構、年齢は気になります。

Since superiors are held in high regard, we tend to give a fair amount of consideration to age.

✻ hold 人 in high regard （人）に敬意を抱いている

文系、理系という考え方があります。

People categorize themselves as one of two types: artistic or scientific.

大学に入る前に、文系か理系かを決めます。

Before starting university, students decide which path to take: liberal arts, or math and sciences.

名刺はいつでも出せるように準備しておきましょう。

We should always be ready to hand out our business cards.

日本人同士だったら、挨拶の際には握手はせずにお辞儀をします。

When Japanese people greet each other, they bow instead of shaking hands.

飲み会の次の日こそ早めに出社しろと言われました。

I was told to come in early to work even though I was drinking the night before.

と、言っていた先輩が遅刻したときはずっこけました。

But the very person who told me that was late, so I was floored.

＊ be floored 閉口する、参る

年を取ると転職は難しくなります。

As we get older, it becomes more difficult to change jobs.

日本にもデキる人、デキない人、どちらもいますよ。

In Japan too, there are both those who can and those who can't.

できる人は、忙しくても勉強しています。

Skilled, competent people study to increase their knowledge, even when they're busy.

彼が典型的な日本人だと思わないでください。彼は例外です。

Please don't think that he's a typical Japanese person. He's an exception.

日本の会社だったらそれは許されません。

If it were a Japanese company, that would be unacceptable.

会議で発言しない人は日本でもダメですよ。

Even in Japan, not actively participating in meetings is a no-no.

＊no-no やってはいけないこと

日本には無礼講という言葉があります。飲み会では何でもアリという意味です。

In Japan there's a word for an informal, free-and-easy party, *bureiko*. This means that anything goes at drinking parties.

＊free-and-easy 形式ばらずに打ち解けた

でも、本当に何でもアリだと思って振る舞うと、アウトです。気をつけてください。

However, there are consequences if you behave as though anything truly goes. So please be careful.

集団主義と思われがちですが、個人主義の人も結構いますよ。

It is thought that people act on group principles, but there are quite a few who are individualists.

電車の通勤ラッシュは結構すごいです。

The rush-hour commute by train is rather terrible.

＊commute 通勤、通学

東京では車で通勤する人はほとんどいません。

In Tokyo, practically no one drives to work.

海外駐在をして初めて、日本についてよく知らないことに気づく人も多いです。

There are many people who realize they don't know much about Japan, once they start working abroad.

64

日本人の良さを伝える

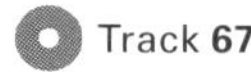

CONVEYING THE PRINCIPLES OF JAPANESE PEOPLE

過度な謙遜はあまり良いことではありません。日本人としての誇りを持つことがグローバルビジネスパーソンへの第一歩です。日本人のポジティブな側面もきちんと英語で伝えられるようにしましょう。

日本人はシャイではない。奥ゆかしいんだよ。

Japanese people are not shy, just modest.

✻ modest 謙虚な

日本人は無口ではありません。

Japanese people are not silent.

相手の話をしっかり汲み取るために、自分が話すよりも話をよく聞く傾向があります。

Rather than talking, we tend to fully engage in listening in order to comprehend what is being said.

✻ engage in... 〜に従事する／comprehend 〜を理解する

実際のところ、それは日本では一般的ではありません。

Actually, that's not common in Japan.

日本人には自律してチームのために貢献できる人が多いです。

There are many Japanese people with self-discipline who are able to contribute to their team.

✻ self-discipline 自律、自制力

日本人以外でも侍魂を持っている人はたくさんいると思います。

I believe that there are many non-Japanese people who embody the samurai spirit.

✻ embody 〜を体現する

日本人は正確性を好みます。

Japanese people have a preference for accuracy.

✻ preference 好み

日本では電車は分刻みで正確に到着します。
In Japan, trains arrive precisely to the minute.

日本にはもともと、多様性を受け入れる文化があります。
Japan has always had a culture that accepts diversity.

人を評価するときは国籍ではなく、個人をしっかり見るべきです。
When evaluating people, we need to take a proper look at their merits as individuals, rather than their nationality.
✻ merits 実績

すべての日本人が同じ性格なわけないでしょう。
There's no way that all Japanese people have the same personality.
✻ there's no way that... 〜ということはあり得ない

みんな個性的だよ。
Everyone has their own unique traits.
✻ trait 特徴

神は細部に宿る。
God is in the details.

日本人はすべてを犠牲にして仕事をしているわけではありません。
Japanese people don't sacrifice everything for work.

仕事と家庭のどちらも楽しんでるよ。
We enjoy both work and family life.

日本人は真面目だけど、遊ぶときも思い切り遊ぶよ。
Japanese people are earnest, but when it's time to play, they play hard.
✻ earnest 真面目な

これくらいのことは当然やるでしょ。
It's only natural to do this level of work.

日本にはおもてなしや思いやりという文化があるんだ。

In Japan, there's a culture of hospitality and consideration toward others.

日本人は受けた恩は忘れないんだ。

Japanese people tend not to forget when they are indebted to someone.

✻ be indebted to... ～に対して恩義がある

それぞれの文化の良いところを生かしていこう。

Let's make the most of the strengths of each culture.

✻ make the most of... ～を最大限に活かす

日本の文化では、品物の包み方や見映えも重視します。

In Japanese culture, the packaging and presentation of items are also important.

日本には年長者を敬う文化があります。

In Japan, there's a culture of respect toward elders.

日本人にとって、人を手伝うのに全力を尽くすのはごく普通です。

It's quite normal for Japanese people to do their best to help someone.

もちろん公の場では敬語を使います。

It goes without saying that polite language should be used in public.

✻ it goes without saying... ～は言うまでもない

お互いを尊重して仕事を進めていきたいと思います。

I'd like to continue to hold each other in high regard as we move forward with our work.

✻ hold 人 in high regard （人）に敬意を抱いている

65

日本の会社を説明する

Track 68

DESCRIBING JAPANESE COMPANIES

日本企業で働く外国人は特に、日本の会社の社風について興味があります。日本の企業文化をうまく伝えるのは簡単ではありませんので、こちらのチャプターを参考にしてください。

歓送迎会や忘年会など、社内行事は多いです。

We have many internal events, such as farewell parties and end-of-year parties.

社員旅行はチームビルディングのために実施しています。

Company trips are organized as team-building opportunities.

会社によって、企業文化は全然違います。

Corporate culture is completely different, depending on the company.

働き方には随分多様性が出てきました。

There's been an influx of diverse, non-traditional work styles.

＊There's been は There has been の略。／influx 流入／diverse 多様な

当社は裁量労働制を採用しています。

Our company uses a discretionary labor system.

＊discretionary labor system 裁量労働制

現在でも、年功序列を重んじる会社が多いです。

There are still many companies which highly value seniority.

＊seniority 年功序列

男性でも育休を取れるような環境になってきました。

Working environments have changed to the point where even paternity leave can be taken.

＊paternity leave 父親の育児休暇

副業を認める会社が増えてきています。

The number of companies which allow side jobs is increasing.

夏と冬にはボーナスが支給される会社が多いです。

There are many companies which offer summer and winter bonuses.

ノー残業デイは、あまりうまく機能していない会社も多いと思います。

I don't think there are many companies which have successfully implemented "no overtime days."

大きな会社ほど、意思決定が遅い傾向があります。

The larger the company, the slower the decision-making process.

社内稟議を通すのに、何人かの上司の判子が必要です。

For internal sanctions, you must get the stamp of approval from several of your supervisors.

＊sanction 承認、認可

大きな組織では結構、学閥もあります。

There are quite a few university alumni cliques within large companies.

＊alumni 同窓生／clique 派閥

学歴は関係ないと言われていますが、実際は関係があると思います。

Many people say that academic history holds no significance, but I disagree.

大卒と高卒では待遇が違います。

University graduates and high school graduates are on different pay scales, among other criteria.

一般職と総合職があって、やることや待遇が違います。

There's general office work and general affairs work. Each position is managed differently, in terms of tasks, salaries, and so on.

大学で専攻していたことと、職種や業種が関係なくても就職はできます。

You can get a job even if it's unrelated to your university major.

コネで入社する人が多い企業もあります。

There are companies where many people are hired due to their connections.

社内政治は日本にもありますよ。

There are office politics in Japan, too.

大きなミスをすると出世が難しくなる企業もあります。

There are some companies which make it difficult for their employees to get ahead if they make a big mistake.

新卒採用は企業にとって重要な人材確保の機会となっています。

Hiring new graduates is an important opportunity for securing human resources.

大企業であれば一斉に数百人の新卒を採用します。

Large companies hire several hundred new graduates at once.

日本には内定式や入社式というものがあるんですよ。

In Japan, there are company orientations and welcome ceremonies.

新卒採用された人は、集合研修で社会のイロハを学びます。

New graduates learn about introductory business skills in group training sessions.

＊introductory 入門の

新人研修では名刺交換の仕方から学びます。

New recruits start by learning how to exchange business cards.

日本では交通費を支給する会社が普通です。

In Japan, it's the norm for companies to pay for transportation expenses.

✻ norm 標準

福利厚生が充実している会社を好む人もいます。

There are also people who prefer companies that offer good benefits.

✻ benefits 福利厚生

有給休暇の消化率は上げていかないといけません。

We need more people to use their paid days off.

当社では転勤をすると住宅手当が出ます。

Our company provides a housing allowance if you are transferred.

✻ housing allowance 住宅手当

管理職になると残業代が出なくなります。

Those in managerial positions lose the right to receive overtime pay.

✻ overtime pay 残業代

会社が年末調整をするので、確定申告の必要はありません。

Since the company handles end-of-year tax adjustments, there's no need to file tax returns yourself.

✻ end-of-year tax adjustments 年末調整／file a tax return 確定申告をする

日本は法人税が高いです。

Corporate tax in Japan is high.

業界によっては、接待をすることが多い会社もあります。

Depending on the industry, some companies need to entertain guests frequently.

接待をすることによって、関係性を築いたり、情報をもらったりすることがあります。

By entertaining guests, relationships are built and useful information can be acquired.

その接待費用は会社の経費として落とされます。

The expenses for entertaining guests can be written off as a company expense.

＊write off...　～を経費として差し引く、帳消しにする

商品企画は花形部署です。

The Product Planning Department is the star department.

英語教育に力を入れている会社は多いですが、成功しているところは多くありません。

While there are many companies who are trying to improve their employees' English skills, few are successful.

社内公用語を英語にする会社もあります。

Some companies have set their official language as English.

国内で仕事のできる日本人が、いかに海外でも活躍できるかが課題です。

The point is whether or not competent Japanese workers can also be successful overseas.

本社と海外支社の雰囲気はだいぶ違います。

There's a big difference between the atmospheres in the head office and overseas branches.

外資系企業と国内企業だとやっぱり企業文化が違う印象があります。

There's a general impression that there are indeed differences between the corporate cultures of international companies and domestic companies.

日本では入社してから教育していくという考え方が強いと思います。

In Japan, there's a strong belief for companies to educate and train their new employees after they start.

✻ after を強調して言う。

終身雇用の考え方がまだ根強いんだと思います。

I think the concept of lifetime employment is still deep-seated.

✻ deep-seated 深く根差した

終身雇用はうまく機能すれば素晴らしい制度で、昔はうまくいっていました。

When implemented effectively, lifetime employment is a great system and worked very well in the past.

昔は終身雇用が当然でしたが、最近では転職や起業をして独立する人も増えています。

In the past, lifetime employment was the norm, but recently there've been more people who change jobs mid-career, or leave and start their own business.

✻ there've been は there have been の略。

定年退職の年齢は今後上がっていくと思います。

I think the retirement age is going to rise in the future.

官僚が天下りして役員をやっている会社があります。

There are some companies where government officials are guaranteed to work in upper-management positions after retirement.

✻ upper-management 上級管理職

会社は時代に合わせて変化し続けなければいけませんね。

Companies need to continue changing in line with the times.

✻ in line with... 〜に従って

66

日本の歴史を説明する

Track 69

EXPLAINING JAPANESE HISTORY

歴史の中でも特に近代史はビジネスシーンで話題に上ることがあります。知識がないとなかなか話しにくい分野ではありますが、話せると知的な印象を与えます。ワンランク上の会話を目指して。

ソニーやホンダなどの大企業の多くは戦後に生まれました。

Many large companies such as Sony and Honda were founded post-World War II.

創業200年以上の企業は世界に5,000社以上あります。

There are apparently more than 5,000 companies in the world which are over 200 years old.

そのうち半分以上が日本にあるそうです。

Over half of those are in Japan.

日本の主な輸出品は車や電気製品などです。

Japan's main exports include cars and electronics.

明治になってヨーロッパから教師や技師を受け入れ、近代化を進めました。

In the Meiji era, Japan welcomed teachers and engineers from Europe, which advanced modernization in the country.

近代日本の法律はドイツやフランスなど、ヨーロッパの影響を受けています。

Modern laws in Japan have been influenced by European countries such as Germany and France.

日本の天皇家は2,600年続く世界最長の王朝と言われています。

The Imperial Family in Japan is said to be the world's oldest monarchy at 2,600 years old.

＊monarchy 王朝、君主国

昔は、日本の首都は東京ではありませんでした。

In the past, the capital of Japan was not Tokyo.

日本の首都は、以前は京都でした。

The capital of Japan used to be Kyoto.

日本は島国なので、独特の文化が育ちました。

Due to being an island country, Japan has developed a unique culture.

日本は宗教に関しては寛容だと思います。

I think that Japan is open-minded toward religion.

ひらがなは漢字を崩して簡易的に使えるようにしたものです。

Hiragana was created from simplified kanji radicals.

✻ radical 語根、部首

第二次世界大戦後はベビーブームがありましたが、今は少子化が進んでいます。

After World War II there was a baby boom, but now the birthrate is declining.

✻ birthrate 出生率

バブル以前と以降では、社会はだいぶ違います。

Society during the bubble era was vastly different to how it became post-bubble.

✻ be different to... 〜と異なる

金融機関の規制緩和が実施されてから、金融業界は大きく変わりました。

The financial industry has changed dramatically since the deregulation of financial institutions.

✻ deregulation 規制緩和、自由化

日本には豊富な資源がありませんので、資源を輸入して加工する製造業が重要です。

Since Japan isn't abundant in natural resources, the manufacturing industry which imports and processes resources is very important.

✻ abundant 豊富な

石油の輸入ができなくなったことが戦争の引き金になりました。

The inability to import oil triggered the Pacific War.

✻trigger　〜のきっかけとなる

日本の憲法では、軍隊を持ってはいけないことになっています。

Raising an army is forbidden under the Japanese Constitution.

✻forbid　〜を禁じる

基本的に軍隊を海外に派遣することもできません。

Dispatching troops overseas is fundamentally forbidden as well.

✻dispatch　〜を派遣する／troop 軍隊

自衛隊は国を防衛する目的で作られました。

The Self-Defense Forces were created for the purpose of protecting the country.

自衛隊の問題は非常に複雑で、難しいものです。

The issues regarding the Self-Defense Forces are very complex and difficult to resolve.

自衛隊は災害などの際に救助活動を行います。

The Self-Defense Forces conduct rescue operations in the event of a disaster.

私は就職氷河期と言われる時代に就職しました。

I got a job during the period known as the Employment Ice Age.

ゆとり世代と言われる年代の人たちがいます。

Millennials in Japan are referred to as the *yutori* generation.

ゆとり世代とは、大幅な学習量と授業時間の削減が行われた期間に教育を受けた世代のことです。

The *yutori* generation was educated during a time when the curriculum and school hours were significantly reduced.

バブル世代とは、とても景気の良いときに社会人になった人たちのことを言います。

The bubble generation refers to those who entered the workforce when the economy was very good.

江戸城の跡地が現在の皇居となっています。

The Imperial Palace stands where the Edo Castle once was.

東京は皇居を中心として街並みが形成されています。

Tokyo's cityscape was constructed to be centered around the Imperial Palace.

✻ cityscape 街並み／construct　～を建設する ／ be centered around...　～を中心とする

侍がいたのは江戸時代の終わりまでです。

The samurai existed until the end of the Edo era.

日本には侍はもういません。

There are no more samurai in Japan.

ですが、武士道精神は日本人の心の中にあります。

However, the spirit of the samurai still lives on in people's hearts.

今では和室のない家に住む人も多くいます。

These days, many people live in houses without Japanese-style rooms.

江戸時代に約200年間、鎖国をしていた時期があります。

There was a period of around 200 years during the Edo era when Japan isolated itself.

✻ isolate　～を孤立させる

その時期は海外との貿易や出入国を大きく制限していました。

Foreign trade and immigration were largely restricted during that time.

✻ restrict　～を制限する

その時期に日本では独自の文化が育ちました。

During that time, a unique culture developed in Japan.

ただ、鎖国の間も中国とオランダとの貿易は続いていたそうです。

However, it seems that even during isolation, trade with China and the Netherlands continued.

19世紀半ばにアメリカやイギリスなどと条約を結び、国交を再開しました。

In the middle of the 19th century, treaties were signed with countries such as the United States and the United Kingdom which resumed diplomatic relations.

＊treaty 条約／resume ～を再開する／diplomatic relations 外交関係

フランスの印象派の画家たちは、日本の葛飾北斎の影響を受けています。

French Impressionist painters were influenced by Japan's Katsushika Hokusai.

北斎の作品は1867年のパリ万博で展示されました。

Hokusai's work was exhibited at the Paris Expo in 1867.

明治維新で日本は近代化しました。

The Meiji Restoration led to the modernization of Japan.

明治政府には多くの武士が参画しました。

Many of the samurai were part of the Meiji government.

1955年～1973年の約20年間は高度成長時代と呼ばれます。

The approximately 20-year period between 1955 to 1973 is called the Age of High Economic Growth.

貿易摩擦の問題は業界に多大な影響を与えました。

The issue of trade friction has had a huge impact on the industry.

＊friction 摩擦

日本では18歳から選挙権が与えられます。

The legal voting age in Japan is 18.

外国人労働者の受け入れが加速している反面、法整備に遅れが見られます。

While there's been an increase in foreign workers accepted into the country, legislation is lagging behind.

＊there's been は there has been の略。／legislation 法律制定／lag behind 遅れを取る

田舎の人口減少によって、多くの古い学校が廃校となりました。

Due to the shrinking population in rural areas, many long-established schools have had to close.

高齢化による労働力不足が問題となっています。

Due to the increasing older population, Japan is experiencing a labor shortage problem.

＊labor shortage 労働力不足

家業を継ぐことは珍しいことではありません。

It's not uncommon to pass down a family business.

＊pass down... 〜を受け継がせる

多くの店が3代目や4代目の事業主によって経営されています。

Many shops are run by third- or fourth-generation owners.

日本人の苗字の多くは、職業や特徴、住んでいた場所が由来となっています。

Most Japanese surnames were created based on the person's career, characteristics, or the surroundings where they lived.

日本では西暦の他に和暦も用いています。

In Japan, the Japanese imperial calendar is used in addition to the Western calendar.

日本では、新天皇の即位と共に元号と呼ばれる和暦が替わります。

On the Japanese imperial calendar, the era name changes when a new Emperor takes the throne.

✻ era name 元号／throne 王位

現在の元号「令和」は、日本最古の歌集『万葉集』から出典されています。

The current era name, “Reiwa,” was sourced from Japan’s oldest song book, the *Manyoshu*.

✻ be sourced from... 〜から出典される

67

日本の文化を説明する

Track **70**

EXPLAINING JAPANESE CULTURE

異文化コミュニケーションでは互いの文化に敬意を払うことが大切。日本の文化や生活習慣、ビジネスマナーまでを英語で説明できると相手の理解度が上がります。日本を説明できるだけではなく、相手の文化にも関心を持って。

日本にはいたるところに自動販売機があります。

There are many vending machines all around Japan.

日本の大学は入るのが難しく、卒業するのは簡単と言われています。

It is said that it's difficult to enter a university in Japan, but easy to graduate.

「お疲れさまです」は職場の様々なシーンで使われる便利な挨拶です。

***Otsukaresama desu* is a convenient greeting used in various situations at work.**

仕事では、午後や夜でも出社したら「おはようございます」というのが一般的です。

It's common for people to say *Ohayou gozaimasu* when first arriving at the office, regardless of the time of day.

日本人が英語を身につけるのが難しいように、欧米人が日本語を身につけるのは容易ではありません。

It's just as difficult for Westerners to learn Japanese as it is for Japanese people to learn English.

渋谷はいつも若者でにぎわっていますよ。

Shibuya is always bustling with young people.

＊bustling ごったがえした

銀座は洗練された街だと思います。

I think that Ginza is a sophisticated city.

新宿駅は乗降客数が世界一です。

Shinjuku station has the highest number of passengers passing through it in the world.

浅草は昔ながらの下町というイメージがありますね。

Asakusa is known to have an old-town feel.

表参道や青山はおしゃれな街と言われています。

Omotesando and Aoyama are considered to be fashionable areas.

東京には多くの地方出身者が住んでいます。

There are many Tokyo residents who are originally from other regions.

東京には人口が集中しています。

Most of Japan's population is concentrated in Tokyo.

日本では公共の場でお酒を飲むことは合法です。

Drinking in public is legal in Japan.

春のお花見の時期は、公園などで多くの人がお酒を飲んで賑わいます。

During the cherry blossom viewing period in spring, parks are full of people drinking and having fun.

日本の学校は4月から新学期が始まります。

In Japan, the school year starts in April.

あまり知られていませんが、日本は祝日が多い国です。

It's not well known, but there are many public holidays in Japan.

✻ public holiday 祝祭日

ヨーロッパの国と比べて倍くらい祝日があります。

Compared to European countries, Japan has almost twice as many public holidays.

5月にはゴールデンウィークといって大型連休があります。

In May, there's a period called Golden Week when there are successive public holidays.

✻ successive 連続する

日本のクリスマスは海外とは少し違って、友達や恋人と過ごすことが多いです。

Christmas in Japan is slightly different than in other countries, in that people often spend the day with their friends or romantic partners.

親戚や上司などに感謝の気持ちを伝えるために、夏にはお中元、冬にはお歳暮を贈ります。

In Japan, midsummer gifts called *ochugen* and year-end gifts called *oseibo* are sent to relatives or bosses, and the like, to express gratitude.

✻ gratitude 感謝

一般的に日本企業はクリスマスは休みませんが、年末年始は休みます。

In general, Japanese companies don't close on Christmas Day, but there's an extended break over the New Year period.

お正月には親戚一同が集まり、新年を過ごします。

Family members and relatives gather to spend New Year's together.

年越しにはおそばを食べます。

We eat soba to welcome in the New Year.

✻ welcome in... ～を迎える

電子メールやSNSが普及したため、お正月に年賀状を送る人は少なくなっています。

Due to the increased use of email and social media, fewer people send New Year's greeting cards than before.

元旦にはおせちやお雑煮を食べます。

On New Year's Day, we eat special dishes called *osechi* and *ozoni*.

子どもは大人からもらえるお年玉を楽しみにしています。

Children look forward to receiving a New Year's allowance from adults.

✻ allowance こづかい

多くの人が正月に初詣に行きます。

Many people make their first visit of the year to a shrine or temple in early January.

年末は大掃除をします。

We do a big spring cleaning at the end of the year.

年末年始は帰省ラッシュで、交通機関は大変混雑します。

Over the New Year's holiday, all means of transportation are very busy with travelers going back to their hometowns.

年末年始と同様に、お盆休みを取る人も多いです。

As with the New Year's holiday, many people also take time off during the *obon* period.

✻ as with... ～と同様に

日本は沖縄から北海道まで様々な地域があって、気候も様々です。

There are various regions all over Japan, from Okinawa to Hokkaido, and they all have different climates.

日本では、サービス料は会計に含まれているのでチップを払う必要はありません。

In Japan, service charges are included in the total amount, so customers don't need to tip.

タクシーのドアは運転手さんが自動で開けてくれるので、自分で開ける必要はありません。

Taxi doors are automatic and operated by the driver, so you don't need to open them yourself.

日本では、食事をする前に「いただきます」と言います。

In Japan, people say *Itadakimasu* before eating.

食べ終わったら「ごちそうさま」と言います。

People say *Gochisousama* when they have finished eating.

お箸とお箸での受け渡しは葬儀で行うため、食事の席で食べ物の受け渡しをしてはいけません。

Passing things from one pair of chopsticks to another is a ritual only done at funerals, so it's unacceptable to do it when eating.

✻ ritual 儀式

禅は日本人でも説明できる人は少ないと思います。

I think the concept of Zen is difficult to explain, even for Japanese people.

最近はアニメなどがキッカケで日本を好きになる外国人のほうが多いと思います。

Nowadays, many non-Japanese people's interest in Japan seems to stem from their love of anime.

✻ stem from... 〜から生じる

大人になってから出会った人と下の名前で呼び合うことはほとんどありません。

After becoming an adult, people rarely address new acquaintances by their first name.

✻ address 人 by... （人）を〜と呼ぶ

苗字に「さん」をつけて呼び合うのが普通ですね。

Adding "-san" to a person's surname when addressing them is the norm.

日本では下の名前ではなく、苗字を「さん付け」で呼びます。
In Japan, we don't address people by their first name. Instead, we use their last name followed by "-san."

日本では、上司を下の名前で呼ぶのはとても違和感があります。
In Japan, it feels weird to call your boss by their first name.

上司のことを「さん付け」ではなく、役職で呼ぶ会社も多いです。
In many companies, supervisors are addressed with their title, not "-san," after their last names.

日本には上座・下座の概念があります。
In Japan there are hierarchical rules about where to sit.
＊hierarchical 階層的な

食事の席だけでなくタクシーやエレベーターにもあります。
Not only when dining out, but there are also rules for when you're in a taxi or an elevator.

東京ではたいていの国の料理が食べられます。
In Tokyo, you can find cuisine from a wide variety of countries.

髪を地毛よりも明るい色に染めている女性が多いです。
There are many women who dye their hair lighter than their natural hair color.

東京で暮らすのはお金がかかるので、周辺の千葉県・埼玉県・神奈川県から都心に通勤する人もたくさんいます。
Living in Tokyo is expensive, so many people commute from the surrounding prefectures, which are Chiba, Saitama, and Kanagawa.

日本人は自宅でパーティーを開くよりも飲食店で飲み会をすることが多いです。
Japanese people usually hold parties at bars and restaurants rather than at their homes.

終電を逃した人は、タクシーで帰宅したり、ネットカフェに泊まったり、カラオケで朝まで時間をつぶしたりします。

People who miss the last train can either go home by taxi, stay at an internet café or kill time at a karaoke box until morning.

国民の祝日に国旗を掲げる家庭は少なくなりました。

Fewer households fly the national flag on public holidays compared to before.

✻ household 家庭

スモールトークを制する！

Mastering Small Talk

会議の合間のちょっとした会話や、仕事とは関係のない他愛もない会話ができるとコミュニケーションがスムーズになります。あいづちも種類を使いこなせるようになると効果的です。

68

休みの予定について話す

Track 71

TALKING ABOUT PLANS ON YOUR DAY OFF

休みの日の過ごし方を知ると、その人の人間性が浮かび上がって親近感が増すものです。休みの予定を話題にするのは会話のきっかけとしてよくあります。このチャプターで一通りの表現を確認しておきましょう。

家でごろごろするのが好きです。
I like lazing around at home.

休みの日は基本的に家にいますよ。
I'm usually at home on my days off.

映画を観たり、外に食事に行ったりしようかな。
I'm thinking of watching a movie and eating out.

シフト制なので、基本的に休みは平日です。
I work shifts, so my days off are usually weekdays.
✻ work shifts シフト制で働く

月に一度はゴルフに行きます。
I play golf once a month.

休みの日は、必ずジムに行きます。
On my days off I always go to the gym.

何も予定はないかな。
I don't think I have any plans.

まだ決めていません。
I haven't decided yet.

友達と出かけます。
I'll go out with my friends.

1人で映画を観に行くこともあります。
I sometimes go to a movie by myself.

連休が取れたら1人で登山に行きたいですね。

If I get two or more days off in a row, I want to go mountain climbing.

＊ in a row 連続で

最近釣りにはまっています。

I'm into fishing these days.

＊ be into... 〜にはまっている

今週末は娘の運動会があります。

My daughter's Sports Day is this weekend.

学生時代の友人とBBQです。

I'll have a barbecue with my friends from school.

息子の野球の試合です。結構うまいんですよ。

I'm going to watch my son's baseball game. He's pretty good.

頑張って早起きして、午前中には家のことを終わらせたいですね。

I want to wake up early and get all my housework done in the morning.

大学時代の友達と飲み会です。

I'm going drinking with my friends from university.

ここ最近は資格取得に向けて猛勉強中です。

I've recently been studying very hard to get my certification.

大事な試験を控えているので図書館にこもります。

I have an important exam coming up, so I'll be holed up in the library.

＊ be holed up in... 〜にこもる

たぶん休日出勤になると思う。

I think I may have to go to work on my day off.

終わりそうにないので、持ち帰ってやります…。

I don't think I can finish, so I'll do it at home.

週末はゆっくりしようと思っています。

I'm thinking of taking it easy this weekend.

＊ take it easy のんびりする

まとまった休みが取れたので、旅行にでも行ってこようかと思います。

I got some time off, so I think I'll take a trip somewhere.

疲れがたまっているのでたっぷり寝たいと思っています。

I'm pretty tired, so I want to get a lot of sleep.

ゆっくり寝られるよう、いつも午前中は予定を入れないんです。

I don't make any morning plans so that I can sleep in.

こまごまとした用事が山ほどあります。

I have a ton of errands to run.

＊ errand 用事

実家に帰ろうかなと思っています。

I think I'll visit my parents.

彼女とデートです。

I have a date with my girlfriend.

地元から友人が遊びに来る予定なんです。

My friends from my hometown are planning to visit.

日曜は家族サービスと決めています。

Sunday is family time.

69

先週末の出来事について話す

TALKING ABOUT LAST WEEKEND

休みの予定を言うのと同様に、週末に何をしたかを話題にすることも多いです。こちらも話のきっかけですので、正確に答えることに固執せず、相手にも何をしていたかを聞いて会話を発展させてください。

友達と飲みに行きました。

I went drinking with my friends.

飲みすぎました。

I drank too much.

おかげで二日酔いになりました。

As a result, I have a hangover.

友達と会う予定だったんですが、ドタキャンされました。

I was going to meet my friend, but he canceled on me at the last minute.

＊at the last minute 直前になって

映画を観に行ったんですけど、すごく良かったです。

I went to see a movie. It was really good.

夕食にカレーを作りました。

I made curry for dinner.

先週は台風が上陸するという予報だったので家にいました。

Last week the weather forecast said a typhoon was coming, so I stayed at home.

掃除と洗濯で1日が終わりました。

Cleaning and doing laundry took me the whole day.

何をしてたっけな。覚えてないや。

What was I doing? I can't remember.

結局自宅で仕事をしてました。

I ended up working from home.

＊end up doing...　結局～して終わる

先週は友達の結婚式に出席しました。

I went to my friend's wedding last week.

起きたら夜でした。

When I woke up, it was already dark.

せっかく早起きに成功したのに結局午後に昼寝をしてしまいました。

Although I succeeded in waking up early, I ended up napping in the afternoon.

彼氏が誕生日のお祝いでちょっと良いお店に連れて行ってくれました。

My boyfriend took me to a rather nice restaurant for my birthday.

子どもたちと遊んでました。

I played with my children.

息子を遊園地に連れて行ったのですが、道が混んでいて疲れました。

I took my son to a theme park, but the traffic was so bad that it made me tired.

週末はいつも子どもの習い事の送り迎えをしています。

On weekends I always drop off and pick up my kids from their activities.

体調を崩していたのですが、週末の間に治ったので仕事に支障はありません。

I wasn't feeling well, but I got better over the weekend so I'm OK to work.

マンガを読んでいたら止まらなくなって、気づいたら夜でした。

I was so engrossed in my manga that before I realized, it was already nighttime.

＊be engrossed in...　～に熱中する

手間のかかる料理に挑戦しました！　うまくいきましたよ。

I tried making a time-intensive recipe. I'm happy to say it turned out well.

＊time-intensive 時間のかかる

平日は料理する時間がないので、たくさん作って小分けにして冷凍保存しました。

I don't have time to cook on weekdays so I prepared my meals for the week and froze them.

新しくオープンしたカフェに行ってきました。

I went to the new café which opened recently.

村上春樹の新刊を一気に読みました！

I read the new Haruki Murakami book all in one sitting!

＊in one sitting 一気に

英会話レッスンに行ってきました。

I went to my English conversation lesson.

マッサージに行って疲れを癒してきました。

I got a massage to relax.

引っ越しを考えていて、いくつかの部屋を内見しました。

I'm thinking of moving, so I went to look at a few apartments.

録りためていたドラマを一気に観ました。

I binge-watched episodes of a drama I've been recording.

＊binge-watch テレビ番組などを一気に観る

美容室に行って髪を切ってきました。

I went to the hair salon to get a haircut.

同窓会に行ってきました。みんな、変わってなかったなぁ。

I went to a reunion. Nobody had changed much.

70

趣味を語る

Track 73

TALKING ABOUT HOBBIES

「特に趣味はないです」と答える方もいらっしゃいますが、“趣味”というほどでもないけど、好きなことやよくやることなどはあるはず。My hobbies are...では答えられなくても、I like...だったら答えられるのではないでしょうか。

趣味と呼べるものが特段ないんですよ。
I don't really have anything I can call a hobby.

日本酒が大好きです。
I'm a big fan of sake.

最近、ワインにはまってるんですよ。
Lately, I've been into wine.

休みの前日は大体お酒を飲んでますね。
I usually drink when I'm off the next day.

食べ歩きが好きです。
I like trying different kinds of food around town.

行ったことのないおいしいお店を開拓するのが好きです。
I like discovering good restaurants I've never been to before.

最近あまり読んでいませんが、読書が好きです。
I like reading even though I haven't read much recently.

もし時間があればスペイン語を習ってみたいんですよね。
If I had the time, I'd like to learn Spanish.

私の趣味はギターです。ですがアマチュアレベルです。
My hobby is playing the guitar. That said, I'm just an amateur.

＊that said そうは言っても

よくYouTubeを観ています。
I watch a lot of YouTube.

合気道をやっています。あと少しで黒帯です。
I do aikido. I'll be a black belt very soon.

趣味は、筋トレと映画鑑賞です。
My hobbies are working out and watching movies.

毎年夏はキャンプに行っています。道具は一式持っていますよ。
I go camping every summer. I have my own set of camping gear.
＊gear 道具一式

昔はテニスをやっていました。
I used to play tennis.

スポーツ観戦がとても好きです。
I love watching sports.

どちらかというと、アウトドアよりはインドア派ですね。
If I had to say, I prefer indoor activities to outdoor activities.

昨年スキューバダイビングのライセンスを取りました。
I got my scuba diving license last year.

週に４～５回はジムに行って汗を流しています。
I go to the gym four to five times a week and sweat it out.
＊sweat it out 激しい運動をする

よくコンサートに行きます。
I go to a lot of concerts.

趣味のつもりで始めた英会話が今、役に立っています。
I started English conversation lessons just for fun, but they are really helping me now.

温泉が大好きなので、今後も色々な土地の温泉に行ってみたいです。

I love hot springs. I want to visit as many different ones as I can.

プログラミングを勉強しています。

I'm studying programming.

絵を描くのが好きです。絶対に見せられませんけどね！

I like drawing. I'll never show anyone my art though!

仕事が趣味です。

Working is my hobby.

趣味にかける時間なんてないですよ…。

I don't really have any time for hobbies.

無趣味なんです。

I don't have any hobbies.

習い事を始めようと思っているんですけど、どれにするか迷っています。

I'm thinking of learning something, but I don't know what.

趣味というよりスキルアップに時間とお金を投資しようかと思っています。

I'd rather spend time and money on acquiring new skills, rather than on a hobby.

＊acquire　～を得る

カラオケによく行きます。好きなだけでうまくはないんですけどね。

I often go to karaoke. I don't think I'm good, but I enjoy it.

飼い猫と過ごす時間が何よりも幸せです。

I'm happiest when I spend time with my cat.

71

英語力について話す

Track 74

TALKING ABOUT YOUR ENGLISH SKILLS

「英語は話せません」という人は多いですが、ロシア語やインドネシア語等に比べたら英語は圧倒的に話せるはず。できないことよりも、できることにフォーカスを。（英語力について詳しい表現はp.359–を参照）

読み書きならできるんですけど、スピーキングは苦手です。
I'm OK at reading and writing, but my speaking skills are not very good.

カタコトの英語しか話せません。
I can only speak broken English.

英語はどれくらい話せますか？
How well can you speak English?

まだまだ勉強中です。
I still have a lot to learn.

全く話せません。
I cannot speak at all.

パッと反応するのが苦手です。
I cannot reply quickly.

ゆっくり言ってもらえれば聞き取れます。
If you speak slowly, I can understand what you're saying.

言いたいことをうまく言葉にできなくて、いつももどかしい思いをしています。
I can never find the words to express what I want to say, so I'm always annoyed at myself.

* be annoyed at...　～に苛立つ

挨拶はできるけれど、深い話はできません。

I can exchange greetings, but I'm not able to have deep conversations.

日常会話はできます。

I can handle daily conversation.

TOEICは800点ありますが、会話はまだ難しいです。

My TOEIC score is 800, but speaking is still difficult for me.

会議は何とかなりますが、その後の食事会はきついですね。

I can get through meetings, but the dinners afterwards are tough.

＊get through... ～を切り抜ける／tough 辛い、厳しい

一対一であれば大丈夫ですが、ネイティブ同士の会話には入れません。

I can handle one-on-one conversation, but I can't converse with a group of native speakers.

準備したことは話せるので、プレゼンだけは何とかなります。

I can say things I've prepared, so I can manage giving presentations.

ただ、質疑応答はちょっと…。

However, handling Q&A is tough.

決まったやり取りはできますが、急に想定外の話を振られると固まってしまいます。

I can handle topics that I'm used to, but if they go in a different direction, I freeze up.

＊be used to... ～に慣れている

正式な場では通訳をつけてもらったほうが無難だと思います。

I think it would be safer to have an interpreter present for formal situations.

つい、ネットの翻訳機能に頼ってしまいます。

I always end up relying on internet translations.

ネイティブではないので、英語を話すときに正しくニュアンスを伝えられないことがあります。

Since I'm not a native English speaker, there are times when I have trouble communicating nuances in English.

文法のストラクチャーが違うため、日本人にとって英語は難しいところがあります。

Due to the difference in grammatical structures, English is difficult for Japanese people.

文法はめちゃくちゃですが、何となく伝えることはできます。

My grammar is all over the place but I can somehow communicate what I want to say.

＊all over the place 散らかって

前よりはちょっとはマシになったと思います。

I think I'm a little better than before.

いいなぁ、彼は英語がペラペラで。

I'm envious. He's so fluent in English.

さっきの私の英語、大丈夫だった？

Was my English OK earlier?

私のつたない英語のせいで混乱させてしまい、すみませんでした。

I apologize for causing confusion due to my poor English.

どうやったらそんなに上手にしゃべれるの？

What does it take to be that fluent?

＊take　～を必要とする

こういうときに使える便利な表現って何かある？

Are there any useful expressions for this kind of situation?

私の英語で気になるところを教えてもらえますか?

Could you tell me what you think I should improve on in my English?

英語キツイわー。

English is tough!

彼の英語はちょっと聞きにくいんだけど、ネイティブだとわかるの?

His English is a bit hard for me to understand, but can native speakers understand him?

アメリカ英語には慣れていますが、イギリス英語には不慣れです。

I'm used to American English, but I'm not used to British English.

いくら英語がうまくても、仕事ができなければ意味がないです。

No matter how good your English is, it's pointless if you can't do your job well.

72

便利なあいづち

Track 75

USEFUL FILLERS

上手なあいづちを入れるだけで会話は驚くほどスムーズになります。あいづちは「聞いてますよ」の意思表示でもあります。簡単な表現ですが、慣れないとパッと出てきませんので、ちゃんと口に出して練習しましょう。

同じことを考えてました。
I was thinking the same thing.

なるほど。
I see.

たしかに。
True.

はい、ええ…、
Yes, right, ...

そうなんですか。
Is that so?

本当ですか！
Really?!

ちょっと、今なんて言った？
Wait, what did you say?

言葉が見つからないよ。
I'm speechless.

訳わかんないですね。
That doesn't make any sense.

それはひどいですね。
That's awful.

大変でしたね。
That must have been rough.

それは残念でしたね。
That's a shame.

それはお気の毒ですね。
I'm sorry.

うわ〜、それは嫌だね。
Oooh, that's not good.

よくもそんなことが！
How dare they!

何と言ったらいいか…。
I don't know what to say.

それは最悪だね。
That's really a bummer.
✻bummer 嫌なこと

最悪！
That's the worst!

えー！（驚き）
What?!
✻イントネーションが大事！（高めの声で尻上がりに）

え〜。（拒否）
Whaaat?
✻イヤだという気持ちをイントネーションで伝える。（気だるそうに伸ばして）

え？（聞き返す）
Sorry?
✻疑問形のように語尾を上げる。

なんてこったー！
Oh, no!

うそ！（驚き）
No way!

まさか。（驚き）
You don’t say.

マジか。（驚き）
Wow.

本気？
Seriously?

すごい！
Awesome!

やったじゃん！
You did it!

ウケる！
That’s hilarious!

良かったですね！
That’s great!

素晴らしい！
Wonderful!

良かったね。
Good for you.

いいですね！
Nice!

わーい！
Yaaay!

でしょうね。（確信）
I bet.

ホントそうだよね。

You're so right.

うんうん。（受け流し）

Uh-huh, m-hm.

なるほど、そういうことですね。（納得）

OK, OK.

そりゃそうですよね。

Of course.

＊前の文を受けて Of course he does、Of course they did など、Of course に続く主語と動詞を入れ替えて使うこともできる。

当たり前じゃないですか。

That goes without saying.

言ったじゃん。

I told you so.

話が見えない。

I'm not following.

何をおっしゃいますか。（謙遜）

No need to flatter me.

だから何？

So what?

やめてよ！

Stop it!

世間は狭いね。

What a small world.

ホントにそう思ってるの？

Do you really think so?

私にはちょっと理解できないや。

I can't relate.

＊relate 理解する

（わかりました、）それでいいでしょう。

Fair enough.

あんまり良くないね。

That's not very nice.

なかなかだね。

That's quite something.

間違いない。

Undoubtedly.

ほらね。

See?

いつもそうだよね。（呆れ）

Typical.

出たその話！（呆れ）

Here we go again!

何でもない。

Never mind.

ありきたりだよな。

That's too common.

外国人と
ガチで飲む

Drinking with Non-Japanese People

お酒の席で仲良くなるのは洋の東西を問いません。海外出張の際も食事会がつきものです。カジュアルなシチュエーションで仕事仲間とお酒を楽しむときに使う便利なフレーズ。

73

飲み会便利フレーズ

Track 76

USEFUL PHRASES FOR DRINKING PARTIES

飲み会や食事会でよく出てくるちょっとしたやり取りをまとめました。これらの表現は学校では教えてくれませんが、知っているとすごく便利です。このチャプターでナチュラルな表現を身につけましょう。

1杯飲みに行かない？

Do you want to get a drink?

今日は予定があって参加できません。また今度誘ってください！

I have another commitment so I can't make it today. Please let me know when the next get-together will be.

＊commitment 約束／get-together 集まり

明日早朝に会議があるからあんまり長居はできませんね。

We can't stay too late because of the early morning meeting tomorrow.

今日は私が運転するから飲めないんですよ。

I can't drink tonight because I'm the designated driver.

＊designated driver ハンドルキーパー（飲み会後に運転するためお酒を飲まない人のこと）

私、運転するよ。

I'll be the designated driver.

お酒は飲めるほうですか？

Do you drink?

お酒には強いの？

Can you hold your liquor?

＊hold one's liquor 酒に強い

あまりお酒は強くないんです…。
I admit I'm a lightweight.
✻lightweight 下戸

飲むのは嫌いではないですね。
I don't dislike drinking.

付き合い程度なら飲めます。
I'm a social drinker.

どうかな～。
We'll see!

ほら、ちょうどハッピーアワーに間に合った！
Oh, look, we're just in time for happy hour!

皆さん、テーブル席とボックス席のどっちがいいですか？
What would you all like, a table or a booth?
✻文頭を which にしても文法的には正しい文になるが、いかにも選択肢が 2 つしかないような印象になる。実際に選択肢が 2 つだけだったとしても、より幅広い選択肢を念頭に相手の好みを聞く what のほうが印象が良いため、ここでは what を使う。／booth ボックス席

席を交換してもらっても大丈夫ですか？
Can we switch seats?

何を飲みますか？
What would you like to drink?

メニューそっちにありますか？
Do you have the menu over there?

ストレートですか、ロックですか？
Would you like it straight or on the rocks?

ボトルで頼みましょうか？
Should we get a bottle for the table?

とりあえず何品か頼んでシェアしましょう。

Let's just order a few things to share, for now.

＊ for now とりあえず

ここは初めて来ました。何がおいしいですか？

I've never been here before. What's good?

うーん…どれにしましょうか？

Let's see... what should we get?

（店員さんに）まとめてここ置いちゃってください。

If you could put everything down right here, that would be great.

小皿もらえますか？

Can we get a small plate?

フォークをもう1ついただけますか？

Could I get another fork?

モヒート頼んだ人～！

Who ordered a mojito—raise your hand!

このワインおいしい！　一口いる？

This wine is superb. Do you want a sip?

＊ sip （飲み物やスープ）を一口する

あっ！　これあなたのグラス？　私のグラス？

Oops—is this your glass or mine?

皆さんいいですかー。乾杯したいと思います！

Can I have everyone's attention? I'd like to make a toast!

＊ make a toast 乾杯する

はい、皆さん聞いてください！　ジョーがスピーチしますよ～！

Alright, listen up everybody! Joe would like to say a few words.

＊ listen up よく聞いて（通常、命令形で使う表現）

これ頼んだ人～?
Did anyone order this?

回してくださーい。
Pass it down!

取り分けちゃいます。お皿ください。
I'll serve everyone. Please hand me the plates.

これ食べてみて。ほんとおいしいから!
You should try this. It's excellent.

「それおいしそうだね」「お1ついかがですか?」
"Those look good." "Would you like one?"

レモンかけていい?
Does anyone mind if I put lemon on this?

お水いりますか?
Would you like some water?

誰か店員さんを呼んでもらえる?
Could someone get the server's attention?
✻server 給仕人

すみません、飲み物をこぼしてしまいました…。
I'm sorry but we spilled something.
✻spill　～をこぼす

このお皿を下げていただけますか?
Would you mind taking away these plates?
✻take away...　～を片づける

ここは私が出すよ。
This round's on me.
✻on me 私のおごり

次の分は私が出すね。

I've got the next round.

✻海外では、その都度1杯ずつ購入するバーが多い。そのため、グループ全員分の1杯を1人が代表して支払い、次は別の人が支払うといったように「このラウンドは私のおごり」「次のラウンドは僕が出すよ」とroundを使う。

閉店の時間だそうです。

It looks like they're closing for the night.

最後に1杯頼みましょうか。

Should we get one for the road?

✻one for the road 最後の1杯

遅くなってきたね。お会計しようか？

It's getting late. Shall we get the bill?

✻bill 勘定書、請求書

お会計だけ先にほしいって言われました。

I was told they want us to take care of the bill now.

レシートいる人？

Does anyone want to keep the receipt?

この後どこ行く？

Where do you want to go after this?

74

オーダーする

Track 77

ORDERING

英語が話せない人と一緒に食事をする場合、多少の英語学習の経験があるあなたが注文をする可能性が高いです。ちょっと複雑な注文でも英語でスマートに注文するだけで尊敬を集めることも。

みんな、何にする?
What does everyone want?

みんな決めました?
Is everyone ready to order?

ウォルターズさんが来るまで注文を待ちましょうか。
Let's wait to order until Mr. Walters gets here.

(店員さんに)先に飲み物頼んでもいいですか?
Can we order our drinks first?

(店員さんに)もう少し考えてもいいですか?
Can we get a few more minutes to decide?

注文いいですか?
I think we're ready to order now.

とりあえず生で。
Can we get draft beer to start with?
✻ draft beer 生ビール

生ビールはどんなものがありますか?
What do you have on tap?
✻ on tap 酒樽などの飲み口からすぐに出せるように用意されて

ビールほしい人、手を挙げて!
Show of hands—who wants more beer?
✻ show of hands 挙手による意思表示

ビールじゃない人！

Who doesn't want beer?

ファジーネーブルでお願いします。

I'll have a fuzzy navel, please.

ソーダ割りで。

I'll take mine with soda.

氷抜きでお願いします。

No ice, please.

食べ物も注文したほうがいいですか？

Should we also order food?

この中でおすすめってありますか？

What do you recommend out of these?

これって何人分ですか？

How many does this serve?

みんなで分けられるように大きいのにしましょう。

Let's get the big one so we can all share it.

ベジタリアン向けメニューはありますか？

Do you have any vegetarian options?

これには何が入っていますか？

What's in this dish?

玉ねぎを抜いていただけますか？

Could I get this without onions?

スープの代わりにサラダをいただけますか？

Could I get a salad instead of soup?

ドレッシングは別の入れ物でいただけますか？

Can we get the dressing on the side?

そんなにお腹空いてないんだよね。
I'm not that hungry.

私も。何か分けて食べる？
Me neither. Do you want to split something?

デザートから行くの？
You're ordering dessert first?

とりあえず料理は足りてるんじゃないかな。
I think we got enough food for now.

足りなければ後で追加しよう。
If we're still hungry, we can order more later.

頼んだものが来ないのですが。
Our order hasn't come yet.

これ、頼んだものと違います。
This isn't what we ordered.

メニューをもう1ついただけますか？
Do you have an extra menu?

デザートのメニューをいただけますか。
Can we see the dessert menu now?

ソフトドリンクのおかわりもらえますか？
Can I get a refill?

人数分お冷やください。
Can we get some water for everyone?

そろそろ日本酒にしようかな。
I think I'll go for sake next.
＊go for... ～を選ぶ（カジュアル）

食事のラストオーダーだそうです。他に何かいりますか～？
I think it's last call for food. Is there anything else you'd like?

ラストオーダーだそうです！　何か頼む人！
It's time for last orders! Who wants something?

うん、もう1杯飲むよ！
Yeah, I can do one more, why not?

75

先に帰る

Track **78**

LEAVING EARLY

飲み会でネイティブ同士が盛り上がっている中、何も言わずに帰るわけにはいきません。このチャプターのフレーズを確認して、場の空気を壊さずに気持ち良く挨拶をして帰るようにしましょう。

もうこんな時間！
Look at the time!

お先に失礼します！
I'm leaving now!

終電があるので先に帰ります！
I need to catch my last train so I've got to go!

体調がすぐれないのでそろそろ帰ります。
Sorry, I'm gonna take off. I don't feel very well.

家が遠いので、お先に失礼いたします。
I live far from here, so please excuse me for leaving early.

渋滞に引っかからないようにもう帰らないと。
I should leave now so I don't hit traffic.
✻ hit traffic 渋滞に遭う

ちょっと明日朝早いので、
I have an early morning tomorrow, so...

明日朝が早いので、遅くまでいられないんです。
I start early tomorrow morning so I can't stay late.

明日は大事なプレゼンがあるので、お先に失礼します。
I have an important presentation tomorrow, so I need to get going.

残念だけどもう行かないと。仕上げないといけない仕事があるんです。
I hate to leave so soon but I have some work I've got to finish up.
✻ finish up 最後の仕上げをする

早めの便に乗るから急がなきゃいけないの。でも本当に楽しかった！
I have an early flight so I gotta run, but I had such a great time!

ごめんなさい。もう少し長くいられたらいいんだけど！
I'm sorry, I really wish I could stay longer!

仕事仲間 もう帰るんですか!?
You're leaving already?!

仕事仲間 まだいいじゃないですかー！
The night's still young!

仕事仲間 明日休みじゃないですか！
You're off tomorrow, aren't you?!

仕事仲間 もうちょっとだけ飲みましょうよ〜。
Let's have one more drink or two.

さすがにオールはきついです。
I can't handle drinking all night.

帰ります。ほんとに。
I'm leaving. Seriously.

こないだ朝まで飲んで後悔したので…。
Last time, I drank until sunrise and I regretted it.

10時20分の電車で帰るから、もう行くね！
I want to catch the 10:20 train home so I'm going to go.

終電はないんですけど、タクシー拾うので大丈夫です。
I missed the last train, but it's OK. I can get a taxi.

ごちそうさまでした。

Thank you for treating me.

＊treat　～にごちそうする

また飲みに連れて行ってください！

Please take me out for drinks again!

今日はありがとう！　また声かけるね！

Thanks for today! I'll get in touch with you again!

今日はお話しできて本当に楽しかったです。

I had a lot of fun talking to you today.

もしフランクになりすぎていたらすみません！　悪気はないんです。

I'm sorry if I was being too blunt! I didn't mean any offense.

＊blunt ぶしつけな、無配慮な／offense 悪意

楽しくて、ついついたくさん飲んでしまいました。

I was having so much fun, I didn't mean to drink as much as I did.

そろそろ行かなきゃ。近いうちにまたやりましょう！

I have to head out. We should do this again soon.

＊head out 出発する

じゃあ皆さん、楽しんでくださいね！

Alright, everyone, have fun!

皆さんも気をつけて帰ってくださいね。

All of you, get home safely, OK?

76

支払う

Track 79

PAYING FOR THE BILL

飲み会で楽しく話しておきながら、支払いの段階で表現がわからずに黙ってしまうのはちょっと残念。支払いの仕方などは英語独特の表現を使うことがありますので、このチャプターで確認しておきましょう。

お会計お願いします。

Could we get the bill, please?

＊bill 勘定書、請求書

テーブル払いですか、それともレジに行ったほうがいいですか？

Do we pay here at the table or at the front?

＊front 受付

お会計をテーブルごとにしてもらえますか？

Can our tables have separate checks, please?

すみません、これダブってカウントされているみたいです。

Excuse me, but I think we were charged twice for this.

20ドル札で払っても大丈夫ですか。

Do you have change for a twenty?

＊change お釣り

100ドル札をくずしてもらえますか？

Can you break a hundred?

2枚のカードで分けて支払いたいのですが。

We'd like to split the check between two cards, please.

今日はおごるよ！

Today is on me!

いやいや、今夜は私のおごりだから。

No, no. Tonight's my treat.

ありがとう！　次はおごるよ。
Thanks! Next one's on me.

今日はおごってよ！笑
Aren't you going to treat me today?!

割り勘にしましょう。
Let's split it.
＊split　～を分割する

カードしかないから払います。
Let's put it on my card because I don't have cash.

現金は持ち合わせてなくて。
I don't have any cash on me.

私のギフト券使ってください。期限が明日までなので。
Let's use my gift card for this, because it expires tomorrow.
＊expire 期限が切れる

1人いくらですか？
How much is it per person?

1人30ドルお願いします。
Thirty dollars each, please.

20ドルでいいよ。
Twenty bucks is enough.
＊buck ドル

細かいのある？
Do you have anything smaller?

細かいの持ってたらお願い！
If anyone has anything smaller, that would be great!

ごめん、1ドル札ないや。

Sorry, I don't have any singles.

＊single　1ドル紙幣

これ私の分。

Here's my share.

みんな自分の分出した？　まだ10ドル足りないんだけど。

Did everyone put in their share? We're still short ten dollars.

＊be short...　～（金額）が足りない、不足している

残りは私のカードで。

Can you put the rest of it on my card?

お財布忘れちゃって。払ってもらってもいい？

I forgot my wallet. Can you cover me?

明日返します。

I'll pay you back tomorrow.

後でお金下ろすから、一旦立て替えてもらってもいい？

I'll go and withdraw some cash later, so could you cover me for now?

これ私の分です。もし足りなかったら明日教えてください。

Here's my share. Let me know tomorrow if I owe more.

どうもありがとう。チップだけでも払わせて。

Thank you, that's very kind of you. Let me leave the tip at least.

おつりは取っておいてください。

Please keep the change.

77

二日酔いのとき

Track **80**

EXPERIENCING A HANGOVER

たくさん飲んだ次の日は、前日に飲んだメンバーと声をかけ合うものです。体調や気分を表現するフレーズはたくさんありますので参考にしてください。飲みすぎにはくれぐれもご注意を。

頭がガンガンする。

My head is throbbing.

✻ throb ズキズキする

気持ち悪いです。

I feel sick.

ふらふらする。

I feel lightheaded.

✻ lightheaded 頭がくらくらする

頭がぐらぐらする。

My head is spinning.

吐き気がします。

I feel nauseous.

✻ nauseous 吐き気を催す

昨日は何時まで飲んだんですか？

What time were you drinking until last night?

ちょっと薬を取ってもらってもいいですか。

Could you pass me some medicine, please?

二日酔いで死にそう…。

I'm so hungover that I feel like I'm going to die.

✻ hungover 二日酔いの

日本酒はやばいですね。

Sake is dangerous.

ちゃんとチェイサーをはさみながら飲めば良かった。

I should've had some chasers in between drinks.

お酒はもうこりごりです。

I don't ever want to drink again.

お酒が嫌いになりそうです。

I think I'm going to hate drinking now.

もうしばらくは飲まないって、先週も言ったんですけどね。

I won't be drinking again for a while! But that is exactly what I said last week.

後悔しかありません。

All I'm left with is regret.

心から反省しています。

I'm filled with remorse.

✻ remorse 自責の念、良心の呵責

自分が悪いんですけどね…。

I only have myself to blame.

まだお酒が残ってる気がします。

I think I'm still drunk.

まだ酒が抜けてない。

I still have a hangover.

✻ hangover 二日酔い（名詞）

二日酔いを早く治す方法、知りませんか？

Do you have a quick cure for a hangover?

ネットによると二日酔いにはバナナが良いらしいよ！

According to the internet, bananas are good for hangovers!

食欲がありません。

I don't have an appetite.

妻にも叱られました。

To make things worse, my wife got angry at me.

＊to make things worse さらに悪いことに

次からはちゃんと対策を取ります。

I'll take the appropriate precautions next time.

＊precaution 予防措置

仕事にならなくてほんとごめんなさい。

I'm sorry I can't be useful today.

途中から覚えてないんですよねえ…。

I don't remember what happened after a certain point.

ちょっと30分ほど横になってもいいですか。

May I lie down for about 30 minutes?

若いときは平気だったんですが、年には勝てませんね。

It wasn't a problem for me when I was younger, but we can't turn back time.

＊turn back time 時間を戻す

前より弱くなったかもしれない。

I don't think I can handle as much as I used to.

さっぱりしたものが食べたい…。

I want to eat something light and refreshing.

今度飲みすぎてたら止めてください。

Please stop me from drinking so much next time.

COFFEE BREAK

外国人も遅くまで飲んだくれるのか？

このタイトルは本書の編集者さんからいただいた質問です。そこで、一緒に働くネイティブに「ネイティブも遅くまで飲んだくれることがあるのか？」と聞いたところYes! と真面目な顔で即答をされましたので、ここにご報告させていただきます。

私は多くのネイティブとお酒を飲む機会がありますが、やはり傾向として欧米の方々はお酒が強い印象があります。とはいえ、遅くまで飲む人もいれば、サラッと帰る人もいますので、飲み方はやはり人それぞれです。個人的な感覚ではありますが、家庭を持っている欧米人は日本人と比較して会社の飲み会よりも家庭を優先する人がとても多いように思います。また会社の催し物に家族を連れてくる人も多いです。

お酒に関して彼らが日本で驚くのは、日本では公共のスペースでお酒を飲んでよいという点です。アメリカやカナダ、オーストラリアなどでは公共の場所での飲酒は原則的に禁止されています。ですので、お酒が好きな人は公園などでも飲酒ができる日本はとても自由に感じるそうです。そう考えると日本はお酒に関してはだいぶ寛容な（緩い？）国なのかもしれませんね。

英語学習の視点から言うと、日本人学習者はお酒を飲んだときのほうが間違いを気にしなくなり、流暢に英語をしゃべる方が結構います。仕事に関わる飲み会はコミュニケーションを深める1つの機会として楽しんで、くれぐれも深酒にはご注意を。

基本コミュニケーション

General Communication

ビジネスシーン以外でもよく使う、日常のやり取りで必要なフレーズです。聞き取れないときや説明が難しいときの表現など、英語初心者の方には特に取り組んでほしいものばかりです。

78

簡単な日常のやり取り

Track 81

EASY PHRASES FOR DAILY COMMUNICATION

普段よく使う表現こそ簡単フレーズにすることで、レスポンスを素早く、よりナチュラルに。ビジネスに限らず使える汎用性の高い表現をまとめました。

それで思い出したんですけど、
That reminds me, ...

そう言えば、
Come to think of it, ...

それに関して言えば、
Speaking of which, ...
＊直前の話題を受けて、関連した話を始めるときに使う。

ちなみに、
On a related note, ...

全然関係ないんですけど、
This is off topic, but...

話は変わるんですけど、
I don't mean to change the subject, but...

え、そうなんですか？
Huh? Is that true?

あり得ない！
No way!

やっぱりね。
Just as I thought.

たぶんね。
Maybe.

絶対そうだよ！
Absolutely!

それが普通だよ。
That's normal.

それ、あるあるだよね。
That's common.

良い点をついていますね。
That's a good point.

そうでもありませんよ。
Not really.

大丈夫だよ。
Don't worry about it.

しょうがない。
Nothing can be done about it.

面倒くさい。
That's too much work.

すぐやります！
I'll do it right now!

最近どう？
How've you been?

それは無理です。
That's not possible.

ジェイ社に行ってきます。
I'm off to Jay Company.

そこに行くにはどうするのが一番いいかな？
What's the best way to get there?

時間はどのくらいかかりますか？
How long will it take?

お帰りなさい。
Welcome back.

ランチ何食べました？
What did you have for lunch?

時間と労力がもったいないです。
It's a waste of time and effort.

時間作ります。
I'll make time for that.

時間がありません。
I don't have time.

どうやってやるの？
How do you do that?

どうやったの？
How did you do that?

来週の同じ時間はどうでしょうか？
How about the same time next week?

他に何かやることありますか？
Is there anything else I can do?

コピーを２部取ってもらえますか？
Could you make two copies, please?

午後３時までに終わらせます！
It will be finished by 3 this afternoon!

一応伝えておきますが、
Just a heads-up, but...
✻a heads-up 警告、前もって知らせること

さもないと、
Otherwise, ...

言いたいことはわかるけど、
I see your point, but...

それは残念だったね。
That's too bad!

それは残念ですね。
What a shame.
＊より残念な気持ちが強い場合。

そんなの馬鹿げてる。
That's ridiculous.

では、さっきの話に戻りますと、
So, as I was saying...

ごめん。今のは忘れてください。
Sorry, forget what I said.

今のところ大丈夫です。
I'm OK for now.

言うまでもなく、
Needless to say, ...

ちょっとそれ取って。
Could you pass me that, please?

まあいいでしょう。
Fair enough.

今のは余談でした。
I'm getting off track.
＊get off track 本題からそれる

危ない！　気をつけて！

Watch out! Be careful!

まいったね。

Oh, my!

しばらくは、

For the time being, ...

改めて連絡します。

I'll get back to you.

＊get back to...　～に後で返事をする

ここまでどんな感じか教えてください。

Could you bring me up to speed?

＊bring ... up to speed　～に必要な情報を提供する

知らせてね。

Just let me know.

手短に報告させてください。

Let me catch you up quickly.

＊catch 人 up　（人）にこれまでの状況を伝える

それは私のほうでやっておきますね。

I'll handle that.

参考までに、

Just FYI, ...

＊FYI（for your information）　参考までに

一応言っておきますが、

Just so you know, ...

79

英語が聞き取れないとき

Track 82

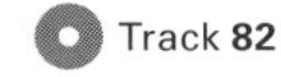

WHEN YOU CAN'T CATCH WHAT WAS SAID

聞き取れないこと自体は問題ではなく、聞き取れなかったときにどう行動するかが重要です。聞き返したりスペルを確認したりして理解に努めましょう。待ったなしのビジネスの現場ではリスニングの勉強よりも聞き返して再確認。

え?
Sorry?

今、右って言った?
Did you say, "right" just now?

え、何ですって?
Huh? What did you say?

もう一度よろしいでしょうか。
Would you mind repeating that?

全然聞こえない。
I can't hear anything you're saying.

すみません、もう一度お願いします。
I'm sorry, could you say that again?

もう1回いいですか?
One more time, please?

ごめんなさい、聞き取れなかった。
I'm sorry, I didn't quite catch that.

ゆっくり言っていただいてもいいですか?
Would you mind slowing down a bit?

すみません、私その単語わからなくて…。
Sorry, but I don't understand that word.

綴りを教えてもらえますか?

Could you tell me how to spell that?

大体理解したと思うのですが、念のため同じ内容をメールでいただけますか。

I think I understood most of it, but just in case, would it be possible for you to email me that information?

後で聞き直せるように録音させていただいてもよろしいでしょうか。

Would it be alright to record this so that I can listen to the information again?

簡単な言葉で言っていただけませんか?

Could you say that in simpler terms?

✻term 言葉、用語

リスニングが苦手なもので、本当にすみません。

I'm really sorry that my listening skills aren't very good.

書いてあればわかるんですけど。

I can understand it if it's written down.

初対面の人の英語は聞きにくいです。

It's difficult to understand the English of someone I meet for the first time.

彼がなんて言っているのかわかりませんでした。

I couldn't understand what he said.

フォスターさんの英語は聞きやすいんですが、クラークさんのが難しいです。

Mr. Foster's English is easy to understand, but Mr. Clark's isn't.

ミュラーさんの英語が聞き取れないのって私だけですか?

Am I the only one who can't understand Ms. Mueller's English?

周りが騒がしくて…。もう少し声のボリュームを上げていただけますか？

It's a little noisy here. Could you please speak a little more loudly?

途中からわからなくなってしまいました。

You lost me halfway through.

＊halfway through 途中で

最後のところだけもう一度お願いしてもいいですか？

May I ask you to repeat that last part?

理解できたかどうか不安です。

I'm worried about whether or not I understood.

つまりあなたは成果にあまり満足していらっしゃらないということで合ってますか？

Basically, what you're saying is you don't feel positive about the outcome, correct?

＊positive 肯定的な／..., correct? そうですよね？

あ、stuffのスタッフとおっしゃったんですね。staffかと思いました。

Oh, you said, "stuff." I thought you meant "staff."

なるほど、そう発音するんですね。初めて知りました。

I see, that's how you pronounce it! I didn't know that until today.

3割くらいしかわかりませんでした。

I could only understand about 30%.

何度も聞き返して申し訳ありません。

I'm sorry to keep asking you to repeat yourself.

80

英語が伝わらないとき

WHEN YOU'RE NOT BEING UNDERSTOOD

あなたの話に相手の理解がついてこない場合、あるいは言っている意味はわかるけれど納得してくれないときに便利なフレーズをまとめました。相手の同意を得ながら物事を進めるのはビジネスの鉄則です。

別の言い方をすると、
In other words, ...

つまりですね、
What I mean is...

私が言いたいのは、
What I'm trying to say is...

どの部分がわかりにくかった?
Which part was difficult to understand?

そうじゃないんですよ。
That's not what I mean.

違うんです。
That's not right.

なんて言ったらいいかな。
What should I say?

わかりにくくてごめんなさい。
I'm sorry that it was hard to understand.

私の英語がわかりにくくて申し訳ありません。
My apologies, I'm afraid my English may be difficult to understand.

あなたの理解力ではなく、私の説明力の問題です。
It's my explanation that's the problem, not your understanding.

どこまでわかりましたか？
Up until which part were you able to follow?
✻follow　～を理解する

ここまでは大丈夫そうですか？
So far, so good?

理解した内容を言ってみてもらってもいいですか？
Could you try and tell me what you understood?

微妙に違います…。
There's a subtle difference.

それがポイントではないんです。
That's not the point.

そもそもの前提が違ったみたいです。
It seems the original premise was different in the first place.
✻premise 前提

やっぱりこの件は大丈夫です。忘れてください。
On second thought, never mind. Please just forget it.
✻on second thought よく考えてみると／never mind　（命令形で）気にするな

英語では口頭で伝えるのが難しいので、メールしますね。
It's difficult to say this in English, so I'll send you an email.

このニュアンスを英語で伝えるのは難しいです。
It's difficult to express this nuance in English.

英語ではパッと説明できないので、少しお時間をいただけますか。

I can't think of how to explain it in English on the spot. Please give me some time.

＊on the spot ただちに

英語ですとぴったりくる表現がありません。

There's no exact phrase for that in English.

では、別の例を出して説明します。

OK, I'll give another example to explain.

今はわからなくても、じきにわかると思います。

Even if you don't understand now, you will in time.

＊in time そのうちに

81

説明が難しいとき

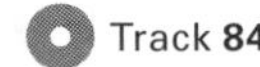

Track 84

WHEN EXPLANATIONS ARE TOO DIFFICULT

日本語ではうまく説明できるけど、英語だと難しいというシチュエーションは多いのではないでしょうか。完璧ではない英語力の中でもどうにかして伝えていく姿勢が大事です。「完璧」ではなく「伝わる」を目指しましょう。

どの点がわかりませんでしたか？
Which points did you not understand?

わかりました。もう一度説明します。
OK. I'll explain it one more time.

申し訳ありませんが、今の私の英語力ではうまく説明することができません。
I'm sorry. I cannot explain it very well with my level of English.

その件に関しては、代わりに木村に説明してもらいます。
Mr. Kimura will explain that matter, on my behalf.
＊on one's behalf　～に代わって

私より木村さんのほうが上手に説明できると思います。
I think Mr. Kimura is better at explaining this than me.

うまく言葉にまとめるのが難しいんですが…。
It's difficult to put into words.
＊put into words 言葉に表す

どう説明すればいいかな。
How can I explain this?

うまく説明できませんでしたが、わかりますか？
I couldn't explain it well, but do you understand?

うーん、なんて言ったらいいかな…。
Uhhh, how can I put this?
✻相手にとって好ましくない事柄を伝えるときなどに使う。

ちょっと時間をください。
Please give me a moment.

シンプルに言うと、うまくいっているということです。
Basically, it means that things are going well.

ややこしいかと思いますので、お手元の資料をごらんください。
I think what I'm saying is confusing, so please refer to the documents in front of you.
✻ refer to... ～を参照する

私の説明よりもこちらを読んでいただいたほうが早いかと思います。
It will be quicker if you read this than for me to explain it.

詳細は後ほど説明させていただきます。
I'll explain the details later.

詳細は後ほどメールでご連絡させていただきます。
I'll send you the details via email later.

限られた時間ですべて伝えきるのは難しいです。
It's difficult to tell you everything in a limited amount of time.

少々複雑なので、全部説明するには時間がかかります。
It's a little complicated, so it will take some time to explain it all.

これからお話しする内容は複雑ですので、不明な点があればすぐにおっしゃってください。
The following is going to be a little complicated, so please do not hesitate to ask for clarification.
✻ ask for clarification 説明を求める

本来はそんなに難しい話ではありません。
It's really not so difficult.

そういうつもりで言ったのではないんです。
I did not mean for my words to come across that way.
＊come across 理解される

もう一度初めから説明させてください。
Please let me explain this again from the beginning.

これは日本語で話しても非常に難しい内容です。
This is difficult to explain, even in Japanese.

これをすぐに理解できる人はなかなかいません。
There are very few people who understand it right away.

正直、正確に伝えられたかどうか自信がありません。
To be honest, I'm not confident that I was able to accurately explain it.

もしかしたら文化の違いかもしれません。
It may be a cultural difference.

これは常識ですよ。
This is common knowledge.

もう一度説明させてください。
Let me explain it again.

あとは実際に見てもらうしかないですね。
The only thing left to do is to have you actually see it.

デザインは言葉で説明するよりも、実物を見てもらったほうがよいかと思います。
It would be easier to have you look at the design, rather than for me to explain it.

これは私が説明する前に一度実際にやってもらったほうが話が早いです。

It would be quicker if you tried it once before I give you an explanation.

言葉で説明するより、実物を見てもらったほうがよさそうです。

It would be better to show, rather than tell.

言葉で説明してもわかりにくいと思うので、一緒に画面を見てもらえますか。

An explanation alone may be difficult to understand, so could we look at the screen together?

すみません。これ以上説明のしようがありません。

Sorry, there's no other way to explain this.

あなたが納得するかどうかは問題ではありません。これは決定です。

It's not a question of whether you're satisfied or not. It's been decided.

＊2つ目のIt'sはIt hasの略。

とにかく、これが当社のやり方です。

Well, this is how we do things at our company.

話が平行線ですね。

It doesn't look like we can come to a consensus, does it?

82

食事に誘うとき

Track 85

WHEN INVITING SOMEONE OUT FOR A MEAL

一緒に働く仲間との関係は職場だけではなく、食事の席などでも育まれるもの。このチャプターにあるフレーズで、同僚や上司を食事や飲み会に気軽に誘ってみてください。

ランチ行きましょう！
Let's go to lunch!

ランチ行かない？
Do you want to go to lunch?

今度一緒にお昼でもどうですか？
How about having lunch together sometime soon?
＊sometime soon 近いうちに

ランチはもうお済みですか？
Have you already had lunch?

ランチビュッフェに行きませんか？
Shall we go to a buffet for lunch?

お腹空いてます？
Are you hungry?

ムーアさんとランチ行くんですけど、一緒に行きませんか？
Mr. Moore and I are going to lunch. Would you like to join us?

今ならランチタイムやってます。
If we go now, we can order from the lunch menu.

あそこのランチバイキングはお得なんですよ。
The lunch buffet is a steal there!
＊steal お得

ねえねえ、一緒にご飯食べよう～。

Hey, we should go out to eat together.

お弁当持ってきてる？　それとも外に出る？

Did you bring lunch? Or are you going out?

お茶でもしませんか？

Do you want to go and get some tea or coffee?

何系が食べたい？　和食、中華、それともイタリアン？

What kind of food would you like to eat? Japanese? Chinese? Or Italian?

肉と魚、どっちがいい？

Would you prefer meat or fish?

昨日の夜は何食べた？

What did you eat for dinner last night?

よろしければ、今度の水曜日、お昼どうですか？

How do you feel about having lunch this coming Wednesday?

1杯だけ付き合ってくれない？

Could you join me for one drink?

今日は軽く飲もうよ。

Let's just have a drink or two tonight.

ごめん、今日はちょっと予定が入ってるんですよ。

Sorry, I already have plans today.

1杯だけですよ！

Just one drink!

＊飲みに誘われたときの返答。

お昼から飲んじゃいますか？

Let's get an early start to the drinking today.

今日みんなで飲むんだけど、良かったら来ない？

We're all going for a drink. Do you want to come with us?

軽く食べておきますか。

Let's just have a light meal for now.

良かったら今夜、食事に行きませんか。

If you're free, would you like to have dinner tonight?

一度一緒に飲みたいと思っていたんですよ。

I've always wanted to have a drink with you.

いつなら都合が良いですか？

When would be good for you?

近くにいい店があるんですよ。

There's a great place nearby.

実はとても素敵なお店があるんですよ。

Actually, I know of a really nice restaurant.

＊know of ...　〜（というもの）を知っている

パスタ好きって言ってましたよね？

You said you like pasta, right?

連れて行きたいお店があるんですよ。

There's a place I want to take you.

ご飯食べて元気出しましょう！

Let's grab a meal and cheer up!

83

予定を伝える

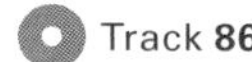

INFORMING SOMEONE OF YOUR PLANS

スケジュールに関することは日常的に話題になります。仕事・プライベートに関係なく、いつでも役立つフレーズです。

今日は4時から外出して戻りません。

I'll be out of the office from 4 o'clock and won't be returning today.

5時頃戻ります。

I'll be back around 5.

今ちょうど出るところです！

I'm just about to leave!

＊ be about to do... まさに～するところだ

今日は早めに上がります！

I'm finishing early today!

明日は病院へ行くので午前休を取ります。

I'm going to the hospital tomorrow, so I'll be taking the morning off.

明日から長期休暇をいただきます。

I'm taking extended leave from tomorrow.

＊ extended leave 長期休暇

来週いっぱいは出張でオフィスにいません。

I'll be away on business all next week, so I won't be in the office.

＊ be away on business 出張などでオフィスを離れる

体調が悪いので、病院に行ってから出社します。

I'm not feeling well, so I'll go to the hospital before work.

これから本社に戻ります。
I'm going to head back to the main office now.
＊head back to...　～に戻る

もうまもなく着きます！
I'm almost there!

到着は３時頃になりそうです。
I should arrive around 3.

明日行けたら行きます。
If I can go tomorrow, I will.

恐らく行けると思う。
I think I'll be able to go.

13日から15日に変更できますか？
Can we reschedule from the 13th to the 15th?

この日は忙しくてできそうにありません。
I'm busy on that day and will not be able to do it.

ミーティングはいつがよろしいですか？
When would you like to have the meeting?

今週なら金曜日、来週なら月曜と火曜が都合がいいです。
This week, Friday works for me, but next week, Monday or Tuesday will work.
＊work 都合が良い

明日の午前中なら空いてますよ。
I'm free in the morning tomorrow.

来週は出張でニューヨークにいます。
I'll be in New York on business next week.

次のセミナーは来週の木曜日に開催予定です。
The next seminar is scheduled for Thursday next week.

明日は夕方5時まで予定でいっぱいです。

Tomorrow, I'm fully booked until 5 pm.

明日は1日空いています。

I'm free all day tomorrow.

この日は1日バタバタとしています。

That whole day will be hectic.

＊hectic 非常に忙しい

明日か明後日なら都合がつきます。

Tomorrow or the day after would be preferable.

＊preferable より望ましい

都合がいいです。

That works for me.

雨天決行します。

Regardless of the weather, we will go ahead as planned.

＊regardless of... 〜に関わらず

本日の会議に遅れて参加しますので、皆さんにお伝えください。

Please tell everyone I'm going to be late to the meeting today.

会議は来月に延期となります。

The meeting will be postponed until next month.

＊postpone 〜を延期する

会議が予定より長引きそうです。

It seems that the meeting will run longer than scheduled.

まだ仕事が残っていて会社にいます。

I still have some work to do, so I'm staying in the office.

基本的に夕方以降なら連絡つくよ。

For the most part, I can be reached from the evening onwards.

＊ evening onwards 夕方以降に

84

至急の用件

Track 87

URGENT MATTERS

業務の緊急度を把握して伝えることはビジネスでは当たり前。英語でも迅速にそれを伝えられるようにしましょう。何でも前もって余裕を持ってやりたいところですが、なかなかそうもいきませんね…。

申し訳ないのですが、至急お願いしたいです。
I'm sorry, but I have an urgent request.

急ぎの案件です。
It's a pressing matter.

最優先でお願いします！
Please make it your top priority!

この件はスピードが大事です。
For this matter, speed is of the essence.
＊of the essence とても重要な

早急な対応をお願いしたいのですが。
I'd like to request your immediate attention on this.

すみません、急ぎなんですが。
Excuse me, but this is really urgent.

すぐに折り返しください。
Please call me back as soon as possible.

戻ったらすぐに会議室に来るように伝えてください。
Please tell him to come to the conference room as soon as he returns.

急ぎなのですが、今少しお時間よろしいですか？
Do you have a moment? I'm afraid this needs prompt attention.

とにかく今すぐ来てください！
Just get over here right now!

もう少し早められませんか？
Could you pick up the pace a little?

なるはやでお願いします！
As quickly as possible, please!

ごめん。それは後でいいかな？
Sorry, can I do that later?

メールの返信を待ってる間に電話しちゃったほうが早いよ。
It will be quicker to just call him, rather than wait for an email from him.

今じゃないとダメなんです。
It has to be now.

悠長なことを言っている場合ではありません。
This is no time to be saying that we can put it off.
✻ put ... off　～を遅らせる

何をのんびりしているんですか！
What are you lazing around for?!
✻ laze around 怠ける

ひとまず、それは置いておきましょう。
Let's leave that for now.

確認次第すぐにご連絡いたします。
I'll contact you as soon as I've confirmed it.

今日中に連絡ください。
Please contact me by the end of the day.

勝手なお願いで申し訳ありませんが、今週中にお返事をいただけますでしょうか。

I'm sorry if this is asking too much, but could you reply by the end of this week?

緊急会議を開きます。

We will hold an emergency meeting.

それでは間に合いません。

If we do it that way, it won't be done in time.

この際、クオリティは妥協します。

Under these circumstances, we will compromise on quality.

＊compromise on... 〜に関して妥協する

どんなに質にこだわっても締め切りを過ぎたら意味がありません。

It doesn't matter how much effort we put into quality—if we don't meet the deadline, there's no point.

＊put effort into... 〜に熱心に取り組む

あなたにお願いするしかないんです。

You're the only person we can ask to do this.

これはお願いではありません。命令です。

This is not a request. It's an order.

スピード重視でお願いします。

Please make speed your priority.

何が何でも今日中に終わらせてください。

Whatever it takes, you must finish this by the end of the day.

＊whatever it takes 何としても

この機会を逃すわけにはいきません。急いでやりましょう。

We can't miss this opportunity. We must hurry.

85

断るとき

Track **88**

DECLINING INVITATIONS, OFFERS OR REQUESTS

英語を話していて難しいことの1つは、相手にとって好まざる要件を丁寧に失礼なく伝えること。様々なニュアンスのフレーズを掲載しましたので、目的と状況によって使い分けてください。

後でもいい?
Is later OK?

できかねます。
We cannot do that.

大変心苦しいのですが、
It pains me to say, but...

お心遣いに感謝します。しかし…、
I'm grateful for the consideration, but...

今回は見送ります。
I'll pass this time.

今は結構ですので。
We're good for now, thank you.

今回は遠慮しておきます。
I'll be declining this time.
✻ decline　~を(丁寧に)断る

申し訳ありませんが、お断りします。
I'm sorry, but I must decline.

お誘いいただいたのに残念なのですが、外せない用件があるため今回は遠慮させていただきます。
I really appreciate the invitation, but I have a prior engagement that I must attend. So I'm afraid I must decline this time.

せっかくですが、お気持ちだけ頂戴いたします。
It's a shame but I really do appreciate the thought.

すみません、今日は予定があって行けません。
I'm sorry, I have another commitment so I can't go.

私には荷が重いです。
That's too much weight on my shoulders.

それはできかねるのですが、こちらはいかがですか？
We cannot do that, but how about this instead?

それはできない約束です。
I'm afraid it's a promise I can't keep.

無理です。
It's impossible.

必要があれば、またこちらからご連絡します。
We will contact you if we ever need your services.

興味ないですね。
We're not interested.

駄目と言ったら駄目なんです。
No means no.

新規の営業はお断りしております。
We're not interested in new contracts, thank you.

今は間に合っているので、大丈夫です。
We're OK for now, thank you.

すみません。その件に関しては既に他社に依頼しました。
Sorry, we have already commissioned another company regarding that matter.
＊commission　～に委託する

当社の予算を超えてしまうため、誠に恐縮ですが今回は見送らせていただきます。

I'm afraid it exceeds our budget, so we will be declining this time.

大変魅力的なオファーなのですが、当社の求めているものと違うようです。

That's a very attractive offer, but it's not what our company has in mind.

大変ありがたいお申し出でございますが、現在のところは弊社では対応しきれないかもしれません。

We're very grateful for this proposal, but I'm afraid we lack the capacity to handle such a request.

✻ lack the capacity to do...　～する力がない

今回は見送りとしますが、またぜひよろしくお願いします。

I'm afraid we will be declining this time, but we look forward to speaking with you again in the future.

お引き受けしたいのですが、今は別件で手一杯で、残念ながら難しいです。

I'd like to accept. However, I currently have my hands full with another matter, so unfortunately it's difficult for me to do so.

✻ have one's hands full 手がいっぱいである

誠に恐れ入りますが、今月中は難しい状況です。

I'm afraid that it will be difficult for us to do it this month.

その日は予定がいっぱいなので、出席することができません。

I'm afraid my schedule is full on that day so I won't be able to attend.

良い返事ができなくて申し訳ありません。

I'm sorry I could not give you a positive answer.

恐縮ですが、これ以上の値引きはできません。

I'm afraid that we cannot grant any further discounts.

＊grant　～を承諾する

86

お願いするとき

Track 89

ASKING A FAVOR

仕事のやり取りは「質問する」「報告する」「確認する」「お願いする」が基本だと思います。中でも「お願いする」はスキルが必要ですので、様々なバリエーションを使えるようにしておきましょう。

今、手が空いてる？

Are you free right now?

やってもらいたいことがあって…。

There's something I'd like you to do.

お忙しいところ、すみません！

Sorry to bother you!

＊bother　～の邪魔をする

ちょっといいですか、

Excuse me, but if I may, ...

大変恐縮ですが、

I'm terribly sorry, but...

誰にもお願いできなくって…。

I couldn't ask anyone else.

1つだけわがまま言っていいですか。

Can I make a selfish request?

お忙しいところ恐れ入りますが、これをジョンソンさんに伝えてもらえますか。

I know you are busy, but could you pass this on to Ms. Johnson?

＊pass 物 on to 人　（人）に（物）を伝達する

急で申し訳ないけど、この書類を速達で送ってもらっていい？

Sorry for the sudden favor, but would you please send this document via express mail?

＊via　～経由で／express mail 速達

報告書を今週中にいただけると助かります。

It would be appreciated if you could send that report by the end of the week.

この書類をコピーしていただけますか？

Would you mind making some copies of this document?

そこのペンを取っていただけますか？

Would you pass me that pen, please?

またいつものやつお願いしてもいいですか？

Could I ask you to do the thing I always ask you to do?

細かいことで申し訳ないけれど、ここを修正してもらえますか？

I'm sorry to be nitpicky, but could you fix this part?

＊nitpicky 神経質な

ご協力いただけますと幸いです。

I would very much appreciate your cooperation.

何とかしてもらえませんか？

Isn't there anything you can do about it?

お手数おかけしますが、よろしくお願いいたします。

I'm sorry for the inconvenience, but I appreciate your help.

お忙しいところ申し訳ないのですが、1点よろしいでしょうか？

I'm sorry to disturb you while you're busy, but may I ask you one question?

できれば、お早めにご対応いただきたいのですが。

If possible, I'd appreciate your swift handling of the matter.

＊swift 迅速な

少々お待ちいただいてもよろしいでしょうか。

Could you please wait a moment?

1つお願いがあるのですが。

I have a favor to ask.

今度おごるからさ。

Come on, I'll treat you the next time we go out.

実は大事なお願いがあるんです。

Actually, I have an important request.

頼りになるから、ついあなたにお願いしちゃうんです。

You're a reliable person, so I always end up asking you.

それは君のほうでやっておいてくれないかな。

Can I leave that in your hands?

すみませんが、少し静かにしていただけますか。

Sorry, would you mind keeping it down, please?

もうちょっと大きな声でお願いします。

Please speak up a little.

＊speak up もっと大きな声で話す

あなたからスミスさんに言っていただけませんか。

Would you tell Mr. Smith that, please?

今回はこれで大丈夫ですが、次回からやり方を変えていただきたいんです。

This is acceptable this time, but I'd like you to change how you do it from next time.

少し席を外すので、その間よろしくお願いします。

I'll be away from my desk for a bit, so please take care of things until I return.

87

困ったとき

Track 90

WHEN YOU'RE WORRIED, TROUBLED, OR HAVING DIFFICULTY

仕事で困難はつきものです。でも、与えられた環境の中でどうにかやりくりして理想の状態に近づけて結果を出すのが、真のできるビジネスパーソンです。困った…とつぶやきながらも次の一手を考えましょう。

今何しようとしてたんだっけ？
What was I just going to do?

誰か一緒にやってくれないかなあ。
I wonder if there's anyone willing to do it with me.

人が集まらないなあ。
I can't get enough people.

間に合わない！
We're not going to make it!

ほとほと参りました。
I'm at a complete loss.

それは困るよ…。
That's worrisome.

やってしまったー。
I've done it now.

どうしよう。
What should I do?

とりあえず高橋さんに相談だ。
In any case, let's go to Mr. Takahashi first.

ひとまず落ち着こう。
First, let's just calm down.

こういうときはどうすればいいんだ?
What should I do when something like this happens?

田中さんに確認してみます。
I'll confirm with Ms. Tanaka.

問題が起きました。
A problem has occurred.

ちょっと行き詰まりました。
We have hit a dead end.
✽ hit a dead end 行き詰まりを迎える

こりゃ困った。
This is problematic.

八方塞がりです。
We're all out of options.

もう手遅れです。
It's too late now.

何とかしたいですが、どうにもなりません。
I want to do something, but there's nothing I can do.

とりあえずやれることをやるしかないですね。
Let's just do what we can.

このままだと大変なことになります。
It will be a disaster at this rate.
✽ disaster 大惨事

諦めたら負けです。もう一度考えてみましょう。
We should not give up. Let's give it some more thought.
✽ give it some thought 検討する

板ばさみだよ…。

I'm stuck between a rock and a hard place.

＊ between a rock and a hard place 板挟みになって

急に依頼が殺到して、目が回りそう！

I have so many sudden requests, it is making my head spin!

どうしよう、ダブルブッキングになっちゃった！

Oh no, I've double-booked myself!

最悪です。

It can't get any worse.

上司たちが別々のことを言ってくるんですよ。

My managers are telling me conflicting things.

XYZ社はいつも無茶な要求をしてきます。

XYZ Company is always making unreasonable demands.

そんなバカな。

That's absurd.

俺、知一らない。

Not my problem.

私に聞かれてもわかんないよ。

Don't ask me because I don't know.

88

体調が悪いとき

Track 91

WHEN YOU'RE FEELING ILL

英語で体調を表現するのもなかなか難しいものです。特に病院では具体的な症状を言う必要がありますので、こちらのフレーズを参考にしてください。それよりもまず、体調管理には気をつけて。

ちょっと具合悪いです…。

I'm feeling a bit sick.

早退させていただきたいのですが。

I'd like to be excused.

通勤途中で具合が悪くなったので、少し遅れます。

I started to feel sick during my commute so I'll be a little late.

✻ commute 通勤、通学

すみませんが、終わり次第すぐに帰宅させていただきます。

If you'll excuse me, I need to go home as soon as I finish.

✻ excuse 退出を許す

胃がきりきりします。

I have a stabbing pain in my stomach.

✻ stabbing pain 刺すような痛み

熱があるみたいです。

I think I have a fever.

めまいがします。

I feel dizzy.

胃がムカムカする。

My stomach feels funny.

✻ feel funny ちょっとおかしい、普段と違う（でも具体的にわからない）

吐きそうです。
I feel like I'm going to throw up.

お腹が痛いです。
My stomach hurts.

声が出ません。
I've lost my voice.

喉が痛いです。
I have a sore throat.

昼休みに病院に行ってきます。
I'll go to the hospital during my lunch break.

病院に寄ってから出社します。
I'll go to the hospital before heading to work.
＊ head to...　〜へ向かう

しばらく横になったら良くなると思います。
I think I'll feel better if I lie down for a while.

たぶん大丈夫です。
I think I'm OK.

ちょっとだけ休ませてください。
Let me take a short break.

入院することになったので、1週間ほどお休みさせてください。
I have to stay at the hospital, so I need to take a week off.

お医者さんにしばらく安静にしておくよう言われました。
My doctor told me I have to take it easy for a while.

明日には良くなると思います。
I think I'll be better by tomorrow.

牡蠣でもあたったのかな。

I wonder if I got food poisoning from the oysters.

熱があるので、休ませてください。

I have a fever, so I'd like to take the day off, please.

昨日飲みすぎちゃって、頭が痛いです。

I drank too much yesterday so my head hurts.

パソコンの見すぎで目が疲れました。

My eyes are tired from looking at my computer screen for too long.

最近肩こりがひどくて…。

My shoulders are so stiff these days.

＊stiff 凝った

家に帰ったら必ず手洗いうがいをしましょう。

You should definitely wash your hands and gargle when you get home.

＊gargle うがいをする

大事を取って休んだほうがいいんじゃない？

Don't you think you should take a day off, to be safe?

無理しないでゆっくり休んでね。

Don't push yourself. Just rest up.

＊rest up 十分に休む

大丈夫？　お大事に。

Are you OK? Take care.

消化に良いものを食べてね。

Eat something that is easy on the stomach.

＊be easy on...　～に優しい

早く良くなってくださいね。

Get better soon.

89

やり方を聞くとき

Track 92

WHEN ASKING HOW TO DO SOMETHING

些細なことでも一応サラッと聞いておくと、後が楽です。聞き方にはバリエーションがありますので、シチュエーションによって使い分けてください。新しい何かに取り組むときには、聞くことも仕事だと割り切って。

これはどうやるんですか?
How do I do this?

やり方を教えてください。
Please tell me how to do it.

これで合ってますか?
Is this correct?

ちょっとやり方がわからないんですが。
I don't quite know how to do it.

コピー機の使い方を教えてください。
Please tell me how to use the photocopier.

もう一度確認させてもらえますか?
Could I just confirm once more?

もっと速い方法はありますか?
Is there a faster way?

他に方法はありますか?
Is there another method?

この認識でよろしいでしょうか。
Is my understanding correct?

今まで自己流でやっていました。
I was doing it my own way until now.

あまり覚えの良いほうではありません。

I'm not very good at remembering new information.

気をつけなければならないことはありますか?

Is there anything I should be careful about?

前も教えていただいたと思うんですけど、忘れてしまって…。もう一度聞いてもいいですか。

I believe you've told me before, but I'm afraid I forgot. Could you tell me again, please?

何度も同じことを聞いて申し訳ありません。

I'm sorry to keep asking you the same question.

一度やり方を見せていただいてもよろしいでしょうか。

Could you show me how to do it?

ちょっと待って!　今のそれ、どうやったんですか?

Hold on! How did you do that just now?

ここまではできるのですが、ここから先がわかりません。

I can do it up to here, but I don't know how to proceed.

✻ up to...　～まで

言われた通りにやってるんですけど、そうなりません。

I've been doing it how I was told, but it's not turning out how it should.

✻ turn out...　結果として～になる

やってみるので、ちょっと見ていただいてもよろしいでしょうか。

I'm going to try doing it, so would you mind observing?

もう少し効率的なやり方がないかなと思っているんですが。

I'm wondering if there's a more efficient method.

実はこれ初めて使うんです。1から教えていただけますか。
Actually, I'm using this for the first time. Could you tell me how from square one?
✻ from square one 始めから

そのデータはどこにありますか？
Where can I find that data?

どこかにマニュアルはありますか？
Is there a manual somewhere?

マニュアルを見てもわからない点がいくつかあるので質問させてください。
There are some things I still don't understand, even after referring to the manual.

こういうやり方にしてもいいですか。
Can I do it like this instead?

ウィリアムズさんはどうやってらっしゃいますか？
How does Ms. Williams do it?

あとは練習するしかないですね。
All there is left to do is practice.

経費の精算はどうすればいいですか？
What should I do about expense reimbursements?
✻ reimbursement 払い戻し

先日難しい交渉をまとめたと聞きました。どうやったのか聞かせてください！
I heard you closed a very tough deal the other day. Please tell me how you did it!

どうしたらそんなにたくさんの契約が取れるのですか？
What's your secret to securing so many contracts?
✻ secure　～を獲得する

90

交通機関を使って移動する

Track 93

WHEN USING PUBLIC TRANSPORTATION

こちらに出てくる表現は仕事だけでなく、旅行や出張で使えるものです。実践的なフレーズを多めにまとめましたので、中級以上の方にも役立ちます。

乗り換えなしで行けます。

We can get there without having to change trains.

このルートだと乗り換えが多くて大変です。

This route is troublesome because of the many transfers.

＊troublesome 煩わしい

こっちのほうが早いけど高い。

This route is faster but it costs more.

チェックインって何時までだっけ？

When does the check-in counter close?

タクシーで行ったほうがよいと思います。

Going by taxi would be better.

駅まではタクシーを使ってください。

Please take a taxi to the station.

埼京線、1時56分発、新宿行きの電車に乗りましょう。

Let's take the Saikyo Line bound for Shinjuku at 1:56.

＊bound for... 〜行きの

タクシーでどれくらいかかりますか？

How long will it take by taxi?

人身事故で運転を見合わせています。

There's a temporary suspension due to a passenger-related accident.

＊suspension 停止

乗り換えがうまくいかず遅れます。

I missed my transfer, so I'll be late.

空港までは私が送りますよ。

I'll take you to the airport.

明日は私がホテルに迎えに行きます。

I'll pick you up at the hotel tomorrow.

駅に着いたら電話をください。

Please call me once you get to the station.

強風で山手線が止まっています。

Service on the Yamanote Line is suspended due to strong winds.

＊suspend　～を一時的に止める

急行電車に乗っていきます。

I'll take the express train.

各駅停車ではその駅に停まりません。

The local doesn't stop at the station.

駅からはバスで来てください。

Please come here from the station by bus.

タクシー以外に交通手段がありません。

Besides taxis, there are no other means of transportation.

＊means 手段

空港には着いたのですが、荷物が見つかりません。

I've arrived at the airport, but I can't find my luggage.

（タクシーの運転手さんに）アルファビルに4時30分に間に合いますか？

Do you think you can make it to the Alpha Building by 4:30?

＊ make it to...　～に間に合う

そこの信号を右に曲がってもらえますか？

Could you please turn right at that signal?

渋滞ひどそうですね。

The traffic looks really bad.

急いでもらえますか？

I'd appreciate it if you could hurry.

空港まではどれくらいかかりますか？（時間）

How long will it take to the airport?

（上司へ）新幹線の指定席のチケットを取ってよろしいですか。

Would it be alright to get a ticket for a reserved seat on the bullet train?

＊ reserved seat 指定席

歩きで行きましょう。

Let's walk there.

荷物検査と入国審査に時間がかかりそうだから、早めに行きましょう。

Getting through baggage inspection and immigration will take time, so let's go early.

ビジネスクラスにアップグレードしてもらえますか？

Could I be upgraded to business class?

念のために空港には早めに着くようにします。

I'll make sure to get to the airport early, just in case.

＊ make sure to do...　必ず～する

特急使うと1時間ぐらいかな。

It should take about an hour by express train.

Special Thanks

本書の制作に際しては、様々な業種の第一線で活躍する多くのビジネスパーソンの皆様にご協力いただきました。また広い地域で正しく通じる英語を掲載するために、数多くのネイティブ英語教師にも協力を仰ぎました。共著のIain CrawfordとConnie Hayashiはバイリンガルの力と英語講師の経験を遺憾なく発揮し、日本語と英語の微妙なニュアンスまで確認し、実践的なフレーズの精査をしてくれました。

Special Thanks to:
馬場智子、五十嵐朱穂、田上晴香、Lauren Keys、Molly Guiniven、石井大貴、春名ちえみ、浅野裕、水越綾子、伊藤祥恵、横田微美、藤崎政貴、三沢泰平、北村友美、櫛田紗乃、鵜納ひかり、梅原祐斗、狩野瑞季、渡邊岳到、米谷真、佐々木順基、宮澤平光、山口真依、久野加容子、山盛健一、安居らら香、有馬花奈、上田彩乃、
玉那覇友咲、浅見卓哉、桂彩音、黒髪薫那、丸山仁衣奈、廣瀬駿、塩刈真子、染野幸司、藤田啓也、伊藤信也、太田孝一、柏原学、綾部篤、江村俊彦、狩野雅、伊藤剛、田上雅人、林百代、林俊男、加山尚宏、佐藤武也、埋金博行、埋金玲子、渡辺 恵梨子、埋金政泰、豊田圭一、Dean Berry、Paul Miyamoto、Nathan Fallon、
David Goodall、Michael Hill、Colin Snow、Jordan Senior、Ivan Lopez、Robert Davison、Daniel Miller、Ilze Meiring、Travis Kleckley、Lindsey Rykal、Evalyn Tabhan

上記に加え、執筆にあたっては千葉大学で英文法を専攻し文法サイボーグとまで称される埋金美弥子（英検1級、TOEIC980点）が、フレーズの製作・精査において獅子奮迅の活躍をしてくれました。医療英語に関しては米国内科専門医であり、ニューヨークの病院での勤務経験のある山田悠史先生に多大な尽力をいただきました。また、大学でご指導いただいた中央大学経済学部名誉教授市川泰男先生には学生時代から今に至るまで英語教育全般に渡るアドバイスをいただき、本書についても助言を賜りました。本書出版にあたり関係するすべての皆様に対しまして、ここに深く感謝申し上げます。ありがとうございました。

海渡　寛記

著者略歴

海渡寛記（かいと・ひろき）

中央大学卒。アイワ株式会社（現ソニー）に入社し、アジアにおける生産管理やグローバル商品の企画を担当。2002年ワンナップ英会話を立ち上げ、現在は新宿・品川・銀座・恵比寿・東京八重洲・横浜に6校を運営。2015年より和の総合学院「HiSUi TOKYO」の運営を開始。外国人向け茶道・抜刀・書道の学びの場を提供。企業におけるグローバル人材育成研修に多数登壇している。TOEIC985点。著書に『英会話のための英作文トレーニング448』『新社会人の英語』（クロスメディア・ランゲージ）がある。

イアン・クロフォード（Iain Crawford）

イギリス・ロンドン出身。レイベンズボーン・ロンドン大学卒。映像制作から翻訳など、様々な業界での経験を持つバイリンガル。ワンナップ英会話ではシニアインストラクターを務め、教材開発や講師指導も担当。

コニー・ハヤシ（Connie Hayashi）

アメリカ・カリフォルニア州出身。カリフォルニア大学サンディエゴ校卒。日本語能力試験1級。ワンナップ英会話ではインストラクターを務め、通訳・翻訳も担当するバイリンガル。

場面別・職種別　ビジネス英語フレーズ3200

2020年 4月 21日　第1刷発行
2024年 1月 16日　第2刷発行

著者　海渡寛記、イアン・クロフォード、コニー・ハヤシ
発行者　小野田幸子
発行　株式会社クロスメディア・ランゲージ
〒151-0051 東京都渋谷区千駄ヶ谷四丁目20番3号
東栄神宮外苑ビル　https://www.cm-language.co.jp
■本の内容に関するお問い合わせ先
TEL (03)6804-2775　FAX (03)5413-3141

CrossMedia LANGUAGE

発売　株式会社インプレス
〒101-0051 東京都千代田区神田神保町一丁目105番地
■乱丁本・落丁本などのお問い合わせ先
FAX (03)6837-5023　service@impress.co.jp
古書店で購入されたものについてはお取り替えできません。

カバーデザイン　竹内雄二
本文デザイン　木戸麻実、都井美穂子
DTP　株式会社ニッタプリントサービス
英文校正　Lauren Keys, Molly Guiniven
ナレーション　Katie Adler, 原田桃子
編集協力　児玉朝来
印刷・製本　中央精版印刷株式会社
ISBN 978-4-295-40415-6 C2082

Printed in Japan